Dr. Oetker
ASIATISCH

VON A BIS Z

Von Asiatischen Gemüserollen bis Zuckerschoten-Miso-Suppe

Abkürzungen und Hinweise

Abkürzungen

EL	=	Esslöffel
TL	=	Teelöffel
Msp.	=	Messerspitze
Pck.	=	Packung/Päckchen
g	=	Gramm
kg	=	Kilogramm
ml	=	Milliliter
l	=	Liter
evtl.	=	eventuell
geh.	=	gehäuft
gestr.	=	gestrichen
gem.	=	gemahlen
ger.	=	gerieben
TK	=	Tiefkühlprodukt
°C	=	Grad Celsius
Ø	=	Durchmesser

Kalorien-/Nährwertangaben

E	=	Eiweiß
F	=	Fett
Kh	=	Kohlenhydrate
kJ	=	Kilojoule
kcal	=	Kilokalorien
BE	=	Broteinheiten

Bei den Nährwertangaben in den Rezepten handelt es sich um auf- bzw. abgerundete ganze Werte. Lediglich die Broteinheiten werden mit einer Stelle nach dem Komma angegeben.
Aufgrund von ständigen Rohstoffschwankungen und/oder Rezepturveränderungen bei Lebensmitteln, kann es zu Abweichungen kommen. Die Nährwertangaben dienen daher lediglich Ihrer Orientierung und eignen sich nur bedingt für die Berechnung eines Diätplans, zum Beispiel bei Krankheiten wie Diabetes.
Bei krankheitsbedingten Diäten richten Sie sich daher bitte nach den Anweisungen Ihres Diätassistenten bzw. Ihres Arztes.

Hinweise zu den Rezepten

Lesen Sie bitte vor der Zubereitung – besser noch vor dem Einkauf – das Rezept einmal vollständig durch. Oft werden Arbeitsabläufe oder -zusammenhänge dann klarer.

Zutatenliste

Die Zutaten sind in der Reihenfolge ihrer Verarbeitung aufgeführt.

Arbeitsschritte

Die Arbeitsschritte sind einzeln hervorgehoben, in der Reihenfolge, in der sie von uns ausprobiert wurden.

Backofeneinstellung

Die in den Rezepten angegebenen Gartemperaturen und -zeiten sind Richtwerte, die je nach individueller Hitzeleistung Ihres Backofens über- oder unterschritten werden können. Bitte beachten Sie deshalb bei der Einstellung des Backofens die Gebrauchsanleitung des Herstellers.
Die Temperaturangaben in diesem Buch beziehen sich auf Elektrobacköfen. Die Temperatureinstellungsmöglichkeiten für Gasbacköfen variieren je nach Hersteller, sodass wir keine allgemeingültigen Angaben machen können.

Zubereitungszeiten

Die Zubereitungszeit ist ein Anhaltswert für die Zeit der Vorbereitung und der eigentlichen Zubereitung. Garzeiten, die nicht in diese Zeit fallen, sind gesondert ausgewiesen. Längere Wartezeiten wie z. B. Kühl- und Auftauzeiten sind nicht mit einbezogen.

Dr. Oetker ASIATISCH

VON A BIS Z

Von Asiatischen Gemüserollen bis Zuckerschoten-Miso-Suppe

Asiatischer Genuss

Das ist ein Feuerwerk für die Sinne. Rote Chilischoten und frischer Ingwer schärfen den Geschmack. Grüner Koriander und Thai-Basilikum verwöhnen das Auge und schmeicheln dem Gaumen. Fruchtige Mango sorgt für Frische und Süße. Kardamom und Zitronengras lassen ein verführerisches Aroma durch die Küche ziehen.

Probieren Sie die Vielfalt der Sojasaucen, Gewürze und Currypasten in raffinierten und gleichzeitig einfachen Rezeptideen. Allseits bekannte und beliebte Gerichte, wie Sie sie vom „Asiaten um die Ecke" oder aus Ihrem Urlaub kennen, gelingen Ihnen zu Hause perfekt. Und auch außergewöhnliche Speisen warten darauf, von Ihnen nachgekocht zu werden. Im Besonderen empfehlen wir Ihnen folgende Spezialitäten:

- sauer-scharfe Suppe „Tom Yum Gung" aus der Thai-Küche
- Reisbällchen „Onigri" mit verschiedenen Füllungen und Misosuppe mit Schweinefleisch aus dem Land der aufgehenden Sonne
- gefüllte Reispapierröllchen mit Nouc-Cham-Sauce und Garnelenomelette mit Sesam-Erdnuss-Sauce aus der vietnamesischen Garküche
- „China-Ente" und Wan-Tan-Suppe aus dem großen Land im Reich der Mitte
- „Gado Gado", das gemischte Gemüse mit Erdnusssauce, zubereitet nach indonesischer Art
- „Kimtschi", die traditionelle, koreanische Gemüsebeilage

Außerdem halten wir für Curryliebhaber eine große Rezeptauswahl, wie Lamm- oder Kürbiscurry nach indischer Art, bereit. Oder mögen Sie lieber die „Klassiker"? Dann sind „Bami Goreng" und „Nasi Goreng", die beliebten Nudel- und Reisgerichte, oder verschieden gefüllte Frühlingsrollen die erste Wahl.

Zur Abrundung Ihres Menüs legen wir Ihnen folgende Vorauswahl ans Herz:

- Ananas im Backteig
- Kokosklebreis mit Banane
- Mangogelee in Zitronen-Sternanis-Sirup

Alle Rezepte wurden wie immer von uns getestet und so beschrieben, dass sie auch von Kochanfängern problemlos zubereitet werden können.

Wir wünschen viel Freude beim Kochen und guten Appetit.

Ananas im Backteig

Süßer Genuss

4 Portionen

Pro Portion: E: 5 g, F: 22 g, Kh: 62 g, kJ: 1979, kcal: 473, BE: 5,0

1	*Bio-Limette (unbehandelt, ungewachst)*
175 g	*flüssiger Honig*
500 g	*frische Ananas*
125 g	*Weizenmehl*
40 g	*Speisestärke*
1 gestr. TL	*Dr. Oetker Backin*
1	*Ei (Größe M)*
1 EL	*Zucker*
150 ml	*Sojamilch (natur)*
etwa 1 l	*Speiseöl, z. B. Sonnenblumenöl*
2 EL	*Kokosraspel*

Zubereitungszeit: 30 Minuten

1. Die Limette heiß abwaschen und abtrocknen. Die Schale der Limette mit einem Zestenreißer in Zesten reißen. Limette halbieren und 3 Esslöffel Saft auspressen. Limettenzesten und -saft mit dem Honig verrühren. Ananas in etwa 3 x 6 cm große Stücke schneiden.

2. Für den Ausbackteig das Mehl mit Speisestärke und Backpulver in einer Rührschüssel vermischen. Ei, Zucker und Sojamilch hinzugeben und alles zu einem glatten Teig rühren.

3. Das Sonnenblumenöl in einem tiefen Topf auf etwa 175 °C erhitzen. Für die richtige Frittiertemperatur des Öls einen Holzlöffelstiel in das Fett halten. Bilden sich Bläschen um den Holzlöffelstiel, ist die richtige Temperatur erreicht.

4. Ananasstücke mithilfe einer Gabel in den Ausbackteig tauchen, kurz abtropfen lassen und portionsweise schwimmend in dem heißen Öl goldbraun ausbacken. Danach die Ananasstücke mit einer Schaumkelle herausnehmen und kurz auf Küchenpapier abtropfen lassen.

5. Ananas im Backteig mit dem Limettenhonig beträufeln und mit Kokosraspeln bestreut heiß servieren.

Asia-Gemüse-Salat mit Hähnchenfleisch

Gut vorzubereiten

4 Portionen

Pro Portion: E: 31 g, F: 20 g, Kh: 21 g, kJ: 1650, kcal: 393, BE: 1,5

400 g Hähnchenbrustfilet
1 Knoblauchzehe
1 gestr. TL Paprikapulver edelsüß
2 EL Sojasauce
1–2 TL brauner Zucker
1 rote Chilischote
400 g Chinakohl
200 g gelbe Paprikaschote
200 g Zuckerschoten
150 g Staudensellerie
250 g Möhren
100 g Sojasprossen
4 EL Speiseöl, z. B. Sonnenblumenöl
Salz, brauner Zucker
5 EL Fischsauce
2 EL Speiseöl, z. B. Sonnenblumenöl
3 EL Sesamöl
1 EL Zitronensaft

Zubereitungszeit: 45 Minuten, ohne Marinier- und Abkühlzeit

1. Hähnchenbrustfilet unter fließendem kalten Wasser abspülen, trocken tupfen, in mundgerechte Streifen schneiden. Hähnchenstreifen in eine Schüssel geben. Den Knoblauch abziehen, in kleine Würfel schneiden und zu den Hähnchenstreifen geben. Paprika, Sojasauce und braunen Zucker hinzufügen. Die Zutaten mit den Hähnchenstreifen vermischen. Die Hähnchenstreifen zugedeckt etwa 3 Stunden in den Kühlschrank stellen und marinieren.

2. Chilischote halbieren, entstielen, entkernen, abspülen, trocken tupfen und klein hacken. Chinakohl putzen, abspülen, abtropfen lassen, halbieren und den Strunk herausschneiden. Chinakohlblätter von den Blattrippen schneiden. Blätter in Stücke schneiden und bis zum Servieren kalt stellen. Die dickeren Blattrippen in feine Streifen schneiden.

3. Paprikaschote mit einem Sparschäler grob schälen. Paprikaschote halbieren, entstielen, entkernen und die weißen Scheidewände entfernen. Schotenhälften abspülen, abtropfen lassen, in feine Streifen schneiden.

4. Von den Zuckerschoten die Enden abschneiden, evtl. abfädeln. Die Schoten abspülen, abtropfen lassen, längs halbieren. Staudensellerie putzen und die harten Außenfäden abziehen. Selleriestangen abspülen, abtropfen lassen und in Scheiben schneiden. Möhren putzen, schälen, abspülen, abtropfen lassen, in Streifen schneiden. Sprossen abspülen, trocken tupfen.

5. Etwa die Hälfte des Speiseöls in einer großen Pfanne oder einem Wok erhitzen. Das vorbereitete Gemüse darin in 2 Portionen kurz unter Rühren anbraten. Die einzelnen Gemüseportionen mit je 1 Prise gehackter Chilischote, Salz und Zucker bestreuen. Je die Hälfte der Fischsauce hinzugießen, einkochen lassen.

6. Die angebratenen Gemüseportionen auf einem großen Teller verteilen und abkühlen lassen.

7. Das Speiseöl in der Pfanne oder dem Wok erhitzen. Die Hähnchenstreifen darin evtl. portionsweise anbraten, herausnehmen und auf dem Gemüse verteilen.

8. Die kalt gestellten Chinakohlblätter mit 1 Prise Salz vermischen, in eine große Servierschale legen. Den Gemüse-Hähnchenstreifen-Salat mit Salz abschmecken und auf den Chinakohlblättern verteilen. Den Salat mit Sesamöl und Zitronensaft beträufeln und kurz vor dem Servieren unter den Salat mischen.

Asiatische Gemüserollen

Schmecken warm und kalt

4 Portionen

Pro Portion: E: 15 g, F: 15 g, Kh: 79 g, kJ: 2145, kcal: 513, BE: 6,5

400 g Hartweizengrieß
3 EL Olivenöl
1 gestr. TL Salz
225 ml lauwarmes Wasser

200 g Möhren
200 g Porree (Lauch)
1/2 Bund Frühlingszwiebeln
100 g gut abgetropfte Bambussprossen (aus dem Glas)
1 EL Sojaöl
100 g gut abgetropfte Bohnenkeimlinge (aus dem Glas)
2 EL Sojasauce
1 gestr. TL Sambal Oelek
1 gestr. TL Currypulver
Paprikapulver edelsüß
Salz

2 Eigelb
2 EL Wasser

Zubereitungszeit: 45 Minuten, ohne Ruhe- und Abkühlzeit
Backzeit: etwa 50 Minuten

1. Grieß in eine Schüssel geben und eine Vertiefung hineindrücken. Olivenöl und Salz hinzugeben. Nach und nach das Wasser hinzufügen. Die Zutaten mit Handrührgerät mit Knethaken etwa 5 Minuten gut durchkneten. Dann den Teig zu einer Kugel formen und wieder in die Schüssel geben. Die Teigkugel mit Frischhaltefolie gut zugedeckt (damit die Teigkugel nicht austrocknet) etwa 30 Minuten im Kühlschrank ruhen lassen.

2. Möhren putzen, schälen, abspülen und abtropfen lassen. Porree putzen, die Stangen längs halbieren, gründlich waschen und abtropfen lassen. Frühlingszwiebeln putzen, abspülen und abtropfen lassen. Möhren, Porree, Frühlingszwiebeln und Bambussprossen in feine Streifen schneiden.

3. Sojaöl in einer großen Pfanne erhitzen. Möhren-, Porree-, Zwiebelstreifen, Bambussprossen und Bohnenkeimlinge hinzugeben und unter Rühren andünsten. Das Gemüse mit Sojasauce, Sambal Oelek, Curry, Paprika und Salz würzen. Gemüse aus der Pfanne nehmen und etwas abkühlen lassen.

4. Die Teigkugel nochmals durchkneten, zu einer Rolle formen und in 8 gleich große Portionen teilen. Jede Teigportion zu einer Kugel formen.

5. Den Backofen vorheizen.
Ober-/Unterhitze: etwa 200 °C
Heißluft: etwa 180 °C

6. Teigkugeln auf einer leicht bemehlten Arbeitsfläche zu dünnen, rechteckigen Fladen (etwa 18 x 12 cm) ausrollen, dabei darauf achten, dass die Ränder dünn sind, damit beim Zusammenrollen die Kanten der Rollen nicht zu dick werden.

7. Die Gemüsemischung mittig auf den Teigfladen verteilen, dabei rundherum einen 2–3 cm breiten Rand frei lassen.

8. Eigelb mit Wasser verschlagen. Die Teigränder damit bestreichen. Jeweils die Teigränder der längeren Seite über die Füllung schlagen.

9. Die Gemüsefladen von der kurzen Seite aus aufrollen und mit der Nahtseite nach unten auf ein Backblech (mit Backpapier belegt) legen.

10. Die Gemüserollen mit dem restlichen verschlagenen Eigelb bestreichen.

11. Das Backblech in den vorgeheizten Backofen schieben. Die Gemüserollen **etwa 50 Minuten backen.**

Tipps: Zu den Gemüserollen eine süß-scharfe Sauce oder Sojasauce reichen. Die Knetzeit unter Punkt 1 sollte unbedingt eingehalten werden, da der Teig während dieser Zeit deutlich seine Konsistenz verändert!

Asiatische Hackbällchen

Partytauglich
30 Stück

Pro Stück: E: 3 g, F: 4 g, Kh: 1 g, kJ: 237, kcal: 57, BE: 0,0

500 g	*Schweinegehacktes*
4 EL	*Sojasauce*
60 g	*Ingwer*
2	*Knoblauchzehen*
1 kleines	
Bund	*Frühlingszwiebeln*
1	*rote Chilischote*
5 Stängel	*Koriander oder Zitronenmelisse*
	Salz
2–3 EL	*Sonnenblumenöl*

Zubereitungszeit: 45 Minuten

1. Das Gehackte mit der Sojasauce in eine Rührschüssel geben. Ingwer schälen und in kleine Würfel schneiden. Knoblauch abziehen, klein würfeln.

2. Frühlingszwiebeln putzen, abspülen, abtropfen lassen und in sehr kleine Stücke schneiden.

3. Chilischote halbieren, entstielen, entkernen, abspülen, trocken tupfen und fein hacken.

4. Die Kräuter abspülen und trocken tupfen. Die Blättchen von den Stängeln zupfen. Einige Blättchen zum Garnieren beiseitelegen. Die restlichen Blättchen klein schneiden.

5. Die vorbereiteten Zutaten zum Gehacktem geben und gut unterkneten. Die Masse mit Salz würzen. Die Gehacktesmasse mit angefeuchteten Händen zu 30 kleinen Bällchen formen.

6. Jeweils etwas Speiseöl in einer großen Pfanne erhitzen. Die Hackbällchen darin portionsweise von allen Seiten etwa 5 Minuten braten.

7. Die Bällchen herausnehmen, auf Küchenpapier legen, abtropfen lassen und mit den beiseitegelegten Kräuterblättchen warm oder kalt servieren.

Asiatische Lachsstücke

Raffiniert – schnell
4 Portionen

Pro Portion: E: 37 g, F: 19 g, Kh: 14 g, kJ: 1550, kcal: 370, BE: 0,5

600 g Lachsfilet (ohne Haut und Gräten, frisch oder TK-Lachsfilet)
25 g getrocknete Mu-err-Pilze
1 Bund Frühlingszwiebeln (etwa 250 g)
175 g abgetropfte Sojabohnenkeimlinge (aus der Dose)
175 g abgetropfte Bambussprossen, in Streifen (aus der Dose)
2 EL Sojasauce
2 EL Fischsauce
gem. Pfeffer

Außerdem:
Bratfolie oder Bratschlauch

Zubereitungszeit: 25 Minuten, ohne Einweichzeit
Garzeit: etwa 20 Minuten

1. Lachsfilet kurz unter fließendem kalten Wasser abspülen und trocken tupfen. TK-Lachsfilet vorher nach Packungsanleitung auftauen lassen.

2. Mu-err-Pilze nach Packungsanleitung einweichen. Frühlingszwiebeln putzen, abspülen, abtropfen lassen und in etwa 3 cm lange Stücke schneiden.

3. Den Backofen vorheizen.
Ober-/Unterhitze: etwa 200 °C
Heißluft: etwa 180 °C

4. Eingeweichte Pilze abtropfen lassen, evtl. putzen und in kleine Stücke schneiden. Das Lachsfilet mit den Frühlingszwiebelstücken, Sojabohnenkeimlingen, Bambussprossen und Pilzstücken in einer Schüssel vermischen. Soja- und Fischsauce hinzufügen und mit Pfeffer würzen.

5. Die Lachs-Gemüse-Mischung auf ein großes Stück Bratfolie oder in einen Bratschlauch geben, nach Packungsanleitung verschließen und auf ein Backblech legen. Das Backblech in den vorgeheizten Backofen schieben. Die Lachsstücke **etwa 20 Minuten garen.**

6. Zum Servieren die Folie aufschneiden. Die asiatischen Lachsstücke mit dem Gemüse auf einer vorgewärmten Platte anrichten und sofort servieren.

Beilage: Curryreis. Dafür etwas Butter oder Speiseöl in einer Pfanne erhitzen. 1 Teelöffel Currypulver hinzufügen. Etwa 500 g gegarten Langkornreis (etwa 180 g Rohgewicht) hinzugeben und gut verrühren. Den Curryreis mit Salz abschmecken und mithilfe von Tassen portioniert anrichten.

Bami Goreng

Beliebt

4 Portionen

Pro Portion: E: 33 g, F: 11 g, Kh: 46 g, kJ: 1758, kcal: 420, BE: 3,5

2 ½ l	*Wasser*
2 ½ gestr. TL	*Salz*
250 g	*feine Bandnudeln*
1	*kleine Zwiebel*
2	*Knoblauchzehen*
1 Stange	*Staudensellerie*
250 g	*Hähnchenbrust- oder Schweinefilet*
200 g	*Garnelen (entdarmt, ohne Kopf und Schale)*
3 EL	*Speiseöl*
2 EL	*helle Sojasauce*
	Salz
	gem. Pfeffer

Zubereitungszeit: 40 Minuten

1. Das Wasser in einem großen Topf zugedeckt zum Kochen bringen. Dann Salz und Nudeln hinzugeben. Die Nudeln im geöffneten Topf bei mittlerer Hitze nach Packungsanleitung kochen lassen, dabei gelegentlich umrühren.

2. Anschließend die Nudeln in ein Sieb geben, mit heißem Wasser abspülen und abtropfen lassen.

3. In der Zwischenzeit Zwiebel und Knoblauch abziehen, jeweils in sehr kleine Würfel schneiden. Sellerie putzen und die harten Außenfäden abziehen. Selleriestange abspülen, abtropfen lassen und in Stücke schneiden.

4. Das Hähnchenbrust- oder Schweinefilet kurz unter fließendem kalten Wasser abspülen, trocken tupfen und in feine Streifen schneiden. Die Garnelen kurz unter fließendem kalten Wasser abspülen, trocken tupfen und evtl. in kleinere Stücke schneiden.

5. Speiseöl in einer großen Pfanne oder einem Wok erhitzen. Zwiebel-, Knoblauchwürfel und Selleriestücke darin anbraten. Die Fleischwürfel und Garnelen hinzugeben, ebenfalls unter Rühren anbraten und dann bei schwacher Hitze etwa 5 Minuten garen.

6. Die Nudeln hinzugeben und gut untermischen, mit Sojasauce beträufeln, mit Salz und Pfeffer würzen. Bami Goreng kurz durchziehen lassen, heiß servieren.

Bananen in Honig-Zitrus-Sauce

Titelrezept – süßer Genuss

4 Portionen

Pro Portion: E: 9 g, F: 15 g, Kh: 86 g, kJ: 2187, kcal: 523, BE: 7,0

- *2 EL Sesamsamen (geschält)*
- *3 EL Pistazienkerne*
- *6 getrocknete Datteln (ohne Stein)*
- *1–2 Bio-Orangen (unbehandelt, ungewachst)*
- *2 EL Zitronensaft*
- *100 g flüssiger Akazienhonig*
- *1 TL gem. Zimt*
- *4 Scheiben Rosinen-Stuten (etwa 200 g)*
- *6 Bananen (je etwa 150 g)*

Zubereitungszeit: 20 Minuten

1. Sesamsamen in einer Pfanne ohne Fett unter Wenden goldbraun rösten, herausnehmen und auf einen Teller geben. Pistazienkerne grob hacken. Datteln in kleine Würfel schneiden.

2. Die Orangen heiß abwaschen und abtrocknen. Etwa 1 Esslöffel Orangenzesten von der Schale abziehen. Die Orangen halbieren, den Saft auspressen und etwa 75 ml davon abmessen.

3. Orangenzesten mit Orangen-, Zitronensaft, Honig, Pistazienkernen, Dattelwürfeln und Zimt in einem Topf vermischen. Die Honigsauce bei schwacher Hitze langsam erhitzen.

4. Die Rosinen-Stuten-Scheiben goldbraun toasten und in Streifen schneiden.

5. Die Bananen schälen, längs halbieren und jeweils 3 Bananenhälften auf einem Teller anrichten. Die Bananenhälften mit der heißen Honigsauce beträufeln und mit gerösteten Sesamsamen bestreut servieren. Die Rosinen-Stuten-Streifen dazureichen.

Tipps: Wenn Sie keine Bio-Orangen bekommen, können Sie etwa 1 Teelöffel Dr. Oetker Finesse Orangenschalen-Aroma und 75 ml Orangensaft (Fertigprodukt) für die Sauce verwenden. Zusätzliche Granatapfelkerne geben diesem Salat noch einen Farbtupfer und runden ihn süß-säuerlich ab.

China-Ente

Klassisch – dauert länger

4 Portionen

Pro Portion: E: 65 g, F: 42 g, Kh: 31 g, kJ: 3171, kcal: 757, BE: 2,5

1	*küchenfertige Ente (etwa 2 kg)*
	Salz
100 ml	*Wasser*
3 EL	*flüssiger Honig*
1 TL	*gem. Ingwer*
50 ml	*Wasser*
	heißes Wasser

Für die Sauce:

2 EL	*Wasser*
4 EL	*süße Sojabohnenpaste*
4 EL	*Zucker*
2 EL	*Sesamöl*

8 kleine Stangen	*Porree (Lauch)*
	Küchengarn

Zubereitungszeit: 30 Minuten, ohne Marinierzeit
Garzeit: 2 1/4–2 1/2 Stunden

1. Die Ente innen und außen unter fließendem kalten Wasser abspülen, trocken tupfen. Evtl. das Fett aus der Bauchhöhle entfernen. Die Ente innen mit Salz einreiben und in eine große Schüssel legen.

2. Wasser in einem kleinen Topf zum Kochen bringen. Honig darin unter Rühren schmelzen. 2 Teelöffel Salz und Ingwer unterrühren. Die Ente gleichmäßig mit der Marinade bestreichen und zugedeckt im Kühlschrank 10–24 Stunden marinieren.

3. Den Backofen vorheizen.
Ober-/Unterhitze: etwa 180 °C
Heißluft: etwa 160 °C

4. Die Ente aus der Marinade nehmen. Keulen und Flügel zusammenbinden. 50 ml Wasser in einen Bräter geben. Die Ente mit der Brust nach unten hineinlegen. Dann den Bräter ohne Deckel auf dem Rost in den vorgeheizten Backofen schieben und die Ente **2 1/4–2 1/2 Stunden garen.** Die Ente während der Garzeit mehrmals unterhalb der Flügel und Keulen mit einer Nadel einstechen, damit das Fett besser ausbraten kann.

5. Nach etwa 30 Minuten Garzeit das angesammelte Fett abschöpfen (den Vorgang wiederholen). Sobald der Bratensatz bräunt, etwas heißes Wasser hinzugeben. Verdampfte Flüssigkeit nach und nach durch heißes Wasser ersetzen. Ente während der Garzeit mit der restlichen Marinade bestreichen.

6. Etwa 10 Minuten vor Ende der Garzeit **die Backofentemperatur um etwa 40 °C erhöhen,** damit die Haut knusprig und goldbraun wird.

7. Für die Sauce Wasser mit Sojabohnenpaste und Zucker in einem Topf verrühren. Das Sesamöl erhitzen, zur angerührten Paste geben und unter Rühren etwas einkochen lassen.

8. Den Porree putzen, die Stangen gründlich waschen, trocken tupfen und in etwa 7 cm lange Stücke schneiden. Die Porreestangen an einem Ende mehrmals einschneiden und in Eiswasser legen. Dadurch biegen sich die geschnittenen Porreestreifen nach außen, sodass ein dekorativer Pinsel entsteht. Die Ente auf einer großen Platte mit den Porreepinseln anrichten. Die Sauce getrennt dazureichen.

Chinesische Leberpfanne

Mit Alkohol

4 Portionen

Pro Portion: E: 25 g, F: 12 g, Kh: 14 g, kJ: 1156, kcal: 275, BE: 1,0

500 g	*Kalbsleber, in Scheiben*
5 EL	*Sojasauce*
4 EL	*trockener Sherry*
	gem. Pfeffer
2–3	*Zwiebeln*
250 g	*Austernpilze*
1	*rote Paprikaschote*
1 Stange	*Porree (Lauch)*
etwa 300 g	*abgetropfte Bambussprossen (aus der Dose)*
etwa 4 EL	*Speiseöl*

Zubereitungszeit: 35 Minuten, ohne Marinierzeit

1. Die Leber von Haut und Röhren befreien. Leberscheiben kurz unter fließendem kalten Wasser abspülen, trocken tupfen und in nicht zu dünne Streifen schneiden. Sojasauce mit Sherry und Pfeffer verrühren, auf den Leberstreifen verteilen und etwa 30 Minuten marinieren, dabei gelegentlich wenden.

2. Die Zwiebeln abziehen und in Scheiben schneiden. Austernpilze putzen, evtl. kurz abspülen, trocken tupfen und in Stücke oder Streifen schneiden. Paprikaschote halbieren, entstielen, entkernen und die weißen Scheidewände entfernen. Schotenhälften abspülen, abtropfen lassen und in Streifen schneiden. Porree putzen, die Stange längs halbieren, gründlich waschen, abtropfen lassen und in feine Streifen schneiden. Bambussprossen in schmale Streifen schneiden.

3. Speiseöl in einem Wok erhitzen. Zwiebelscheiben, Paprika-, Porreestreifen, Austernpilzstücke und Bambusstreifen portionsweise darin unter Rühren dünsten, herausnehmen und warm stellen.

4. Die Leberstreifen aus der Marinade nehmen und in dem verbliebenen Bratfett kurz kräftig anbraten, evtl. noch etwas Speiseöl hinzufügen (Leber nicht zu lange braten, da sie sonst hart wird). Die Marinade unterrühren und das Gemüse wieder hinzufügen. Leberpfanne nochmals mit den Gewürzen abschmecken.

Beilage: Reis.

Chinesische Pilz-Gemüse-Suppe

Raffiniert

4 Portionen

Pro Portion: E: 24 g, F: 8 g, Kh: 43 g, kJ: 1384, kcal: 329, BE: 3,5

10–12 getrocknete Shiitakepilze
10 g getrocknete Mu-err-Pilze
1 große Hähnchenbrust (mit Knochen, etwa 400 g)
1 kleines Stück Ingwer
2 Knoblauchzehen
1 rote Chilischote
1–2 EL Misopaste (für Brühe, erhältlich im Asialaden)
1 l heißes Wasser
150 g Mie-Nudeln (asiatische Instant-Nudeln)
150 g braune Champignons
2 Möhren
150 g TK-Erbsen
2 Frühlingszwiebeln
½ Bio-Zitrone (unbehandelt, ungewachst)
Sojasauce oder Salz

einige Kerbelblättchen

Zubereitungszeit: 30 Minuten, ohne Einweichzeit
Garzeit: etwa 30 Minuten

1. Shiitakepilze und Mu-err-Pilze nach Packungsanleitung einweichen. Anschließend die Pilze abtropfen lassen. Pilze evtl. putzen und etwas kleiner schneiden.

2. Hähnchenbrust unter fließendem kalten Wasser abspülen und trocken tupfen. Ingwer schälen. Knoblauch abziehen. Ingwer und Knoblauch in sehr kleine Würfel schneiden.

3. Chilischote entstielen, entkernen, abspülen, abtropfen lassen und in dünne Ringe schneiden.

4. Die Misopaste in einem Topf im heißen Wasser auflösen. Die Knoblauch-, Ingwerwürfel und Chiliringe hinzugeben und zum Kochen bringen. Hähnchenbrust und die Mu-err-Pilze hinzufügen, wieder zum Kochen bringen und etwa 25 Minuten bei schwacher Hitze kochen lassen.

5. In der Zwischenzeit Nudeln nach Packungsanleitung zubereiten, abgießen und in einem Sieb gut abtropfen lassen. Champignons putzen, evtl. kurz abspülen und trocken tupfen.

6. Die Hähnchenbrust und Mu-err-Pilze aus der Brühe nehmen. Die Brühe durch ein Sieb in einen anderen Topf gießen.

7. Champignons und Shiitakepilze in kleine Stücke schneiden. Möhren putzen, schälen, abspülen, abtropfen lassen und in feine Stifte schneiden. Pilzstücke, Möhrenstifte und gefrorene Erbsen in die heiße Brühe geben, zum Kochen bringen und etwa 5 Minuten garen.

8. Die Frühlingszwiebeln putzen, abspülen, abtropfen lassen und in sehr feine Scheiben schneiden. Zitrone heiß abwaschen, abtrocknen, halbieren und in Scheiben schneiden. Die Hähnchenbrust von der Haut und den Knochen lösen. Fleisch klein schneiden. Nudeln, Fleischstücke, Frühlingszwiebel- und Zitronenscheiben in die Suppe geben, nochmals kurz erhitzen. Die Suppe mit Sojasauce oder Salz abschmecken.

9. Die Suppe in Suppentassen füllen und mit abgespülten und trocken getupften Kerbelblättchen garniert servieren.

Chinesisches Saucen-Trio
jeweils 8–10 Portionen

Chinasauce süß-scharf (im Foto unten)
Mit Alkohol

Insgesamt: E: 7 g, F: 41 g, Kh: 81 g, kJ: 4146, kcal: 990, BE: 6,0

3	*Zwiebeln*
3	*Knoblauchzehen*
4 EL	*Speiseöl*
250 ml (1/4 l)	*Sherry (medium)*
5 EL	*Tomatenketchup*
2 EL	*flüssiger Honig*
	Chilipulver oder Tabasco
	Salz
etwas	*Weißweinessig*
	Sojasauce
	gem. Pfeffer

Zubereitungszeit: 15 Minuten, ohne Abkühlzeit

1. Zwiebeln und Knoblauch abziehen, in kleine Würfel schneiden. Speiseöl in einer Pfanne erhitzen. Zwiebel- und Knoblauchwürfel darin etwa 3 Minuten unter Rühren andünsten.

2. Sherry, Ketchup und Honig unterrühren. Die Sauce unter Rühren aufkochen lassen und mit Chili oder Tabasco, Salz, Essig, Sojasauce und Pfeffer würzen.

3. Die Sauce zugedeckt erkalten lassen und vor dem Servieren nochmals mit den Gewürzen abschmecken.

Tipp: Chinasauce zu ausgebackenen oder gegrillten Garnelen servieren.

Chinesische Sauce (im Foto oben)
Mit Alkohol

Insgesamt: E: 15 g, F: 0 g, Kh: 69 g, kJ: 1912, kcal: 457, BE: 5,5

250 ml (1/4 l)	*Wasser*
150 ml	*trockener Weißwein (Riesling oder Silvaner)*
150 ml	*Sojasauce*
3–4 EL	*Weißweinessig*
3–4	*Knoblauchzehen*
2 Msp.	*gem. Ingwer*
2 EL	*Zucker*
2	*Sternanis*
1/2 Stange	*Zimt*
5	*Gewürznelken*
1 EL	*Speisestärke*
2 EL	*Tomatenketchup*
	Salz
	gem. Pfeffer

Zubereitungszeit: 35 Minuten

1. Wasser, Wein, Sojasauce und Essig in einem Topf erhitzen.

2. Knoblauchzehen abziehen, in sehr kleine Würfel schneiden.

3. Die Knoblauchwürfel mit Ingwer, Zucker, Sternanis, Zimtstange und Gewürznelken zu der Flüssigkeit in den Topf geben.

4. Die Flüssigkeit zum Kochen bringen und etwa 15 Minuten ohne Deckel leicht kochen lassen. Die Sauce durch ein Sieb gießen.

5. Speisestärke mit etwas kaltem Wasser anrühren, unter Rühren in die heiße Sauce geben und kurz aufkochen lassen.

6. Ketchup unterrühren und nochmals unter Rühren aufkochen lassen.

7. Zum Schluss die chinesische Sauce mit Salz und Pfeffer abschmecken.

Chinesische süße Chilisauce (im Foto Mitte)

Aromatisch – köstlich

Insgesamt: E: 15 g, F: 25 g, Kh: 307 g, kJ: 7136, kcal: 1690, BE: 25,5

- *je 1 rote, grüne und gelbe Paprikaschote (etwa 600 g)*
- *2 EL Speiseöl*
- *500 ml (1/2 l) süße Chilisauce*
- *200 ml Sweet & Sour Sauce*
- *gem. Pfeffer*
- *4 EL Sojasauce*

Zubereitungszeit: 35 Minuten

1. Paprikaschoten halbieren, entstielen, entkernen und die weißen Scheidewände entfernen. Schotenhälften abspülen, abtropfen lassen und in sehr dünne Streifen schneiden.

2. Speiseöl in einem Topf erhitzen, die Paprikastreifen darin andünsten. Chilisauce und Sweet & Sour Sauce hinzugeben, zum Kochen bringen und etwa 5 Minuten unter Rühren leicht einkochen lassen. Die Sauce mit Pfeffer und Sojasauce pikant würzen.

Tipps: Chilisauce passt zu gegrillten Garnelen, Tunfisch oder Lachs und Reisgerichten. Wenn Sie Tabasco oder Chilischoten hinzufügen, kann diese süße Sauce in eine scharfe Sauce umgewandelt werden.

Chop Suey

Schnell

4 Portionen

Pro Portion: E: 42 g, F: 10 g, Kh: 36 g, kJ: 1681, kcal: 400, BE: 2,5

500 g	*Putenbrustfilet*
2 Stangen	*Porree (Lauch)*
300 g	*Möhren*
250 g	*Champignons*
175 g	*Sojasprossen*
100 g	*Glasnudeln*
3 EL	*Speiseöl, z. B. Sonnenblumenöl*
	Salz, gem. Pfeffer
200 g	*TK-Erbsen*
250 ml (1/4 l)	*Hühnerbrühe*
	Sojasauce

Zubereitungszeit: 30 Minuten

1. Putenbrustfilet kurz unter fließendem kalten Wasser abspülen, trocken tupfen und in dünne Streifen schneiden.

2. Porree putzen, die Stangen längs halbieren, gründlich waschen, abtropfen lassen und in Streifen schneiden. Möhren putzen, schälen, abspülen, abtropfen lassen und in dünne Scheiben schneiden. Champignons putzen, evtl. kurz abspülen, trocken tupfen und in Scheiben schneiden.

3. Die Sojasprossen abspülen und abtropfen lassen. Glasnudeln nach Packungsanleitung zubereiten. Dann die Glasnudeln in einem Sieb abtropfen lassen und mit einer Schere klein schneiden.

4. In der Zwischenzeit Speiseöl in einem Wok erhitzen. Die Fleischstreifen darin unter Rühren anbraten und mit einer Schaumkelle herausnehmen. Fleischstreifen mit Salz und Pfeffer würzen.

5. Porree, Möhren- und Champignonscheiben in dem verbliebenen Bratfett unter Rühren anbraten. Gefrorene Erbsen hinzufügen. Brühe hinzugießen. Gemüse zugedeckt etwa 5 Minuten bei mittlerer Hitze garen.

6. Die Fleischstreifen und Sojasprossen unter das Gemüse mischen und erhitzen. Chop Suey mit Salz, Pfeffer und Sojasauce abschmecken. Glasnudeln unter die Fleisch-Gemüse-Pfanne mischen, erwärmen und sofort servieren. Oder Glasnudeln dazureichen.

Tipp: Anstelle der frischen Sojasprossen können Sie 175 g abgetropfte Sojasprossen (aus dem Glas) verwenden.

Curry mit Rinderfilet und Glasnudeln

Mit Alkohol

3 Portionen

Pro Portion: E: 21 g, F: 42 g, Kh: 30 g, kJ: 2457, kcal: 590, BE: 2,5

250 g Rinderfilet

Für die Marinade:

5 EL Wasser
Salz, gem. Pfeffer
3 TL Kartoffelstärke
1 TL Dr. Oetker Backin
2 EL Speiseöl

50 g Glasnudeln
500 ml (1/2 l) Speiseöl, z. B. Sonnenblumenöl
3 Knoblauchzehen
2 EL Erdnussöl
500 ml (1/2 l) Kokosmilch

Für die Sauce:

5 EL Reiswein
1 EL Currypulver
1 TL Sambal Oelek
3 TL Zucker
1 gestr. TL Salz
2 Prisen gem. Sternanis
2 Prisen gem. Sichuanpfeffer

1 Frühlingszwiebel

Zubereitungszeit: 45 Minuten, ohne Marinierzeit

1. Das Rinderfilet mit Küchenpapier trocken tupfen, in Streifen schneiden und in eine flache Schale legen.

2. Für die Marinade Wasser mit Salz, Pfeffer, Kartoffelstärke und Backpulver verrühren, Speiseöl unterschlagen. Die Marinade auf den Filetstreifen verteilen. Die Filetstreifen zugedeckt im Kühlschrank etwa 15 Minuten marinieren.

3. Die Glasnudeln nach Packungsanleitung zubereiten und beiseitestellen.

4. Speiseöl in einem Wok erhitzen. Die Filetstreifen hinzugeben, unter Rühren etwa 1 Minute frittieren, mit einem Schaumlöffel herausnehmen und auf Küchenpapier abtropfen lassen. Das verbliebene, restliche Speiseöl aus dem Wok gießen.

5. Knoblauch abziehen und in kleine Würfel schneiden. Erdnussöl in dem Wok erhitzen. Knoblauchwürfel darin andünsten, mit Kokosmilch ablöschen, zum Kochen bringen und bei schwacher Hitze etwas einkochen lassen.

6. Für die Sauce Reiswein mit Curry, Sambal Oelek, Zucker, Salz, Sternanis und Sichuanpfeffer verrühren, zu der Kokosmilch in den Wok geben und unterrühren.

7. Die Filetstreifen hinzugeben und zugedeckt etwa 2 Minuten mitkochen lassen. Die Frühlingszwiebel putzen, abspülen, abtropfen lassen und in etwa 3 cm lange Stücke schneiden. Die Frühlingszwiebelstücke mit den beiseitegestellten Glasnudeln zum Curry geben und etwa 1 Minute mitkochen. Das Curry mit Rinderfilet heiß servieren.

Curry-Fisch-Bällchen

Buffetgeeignet
24 Stück

Pro Stück: E: 6 g, F: 2 g, Kh: 8 g, kJ: 295, kcal: 71, BE: 0,5

Für die Fisch-Bällchen:

600 g	*TK-Kabeljau- oder Seelachsfilet*
6 Scheiben	*Weizen-Toastbrot (etwa 150 g)*
1 Bund	*Schnittlauch*
2–3 TL	*Currypulver*
	Salz
3	*Eiweiß (Größe M)*
etwa 250 ml (1/4 l)	*Sonnenblumenöl*

Für die Sauce:

260 g	*abgetropfte Ananasstücke (aus der Dose)*
225 g	*Mango-Chutney (aus dem Glas)*
4 EL	*Tomatenketchup (etwa 50 g)*
evtl. einige	*vorbereitete Schnittlauchröllchen*

Zubereitungszeit: 45 Minuten, ohne Antau- und Durchziehzeit

1. Für die Fischbällchen Kabeljau- oder Seelachsfilet nach Packungsanleitung etwas antauen lassen. Die Toastbrotscheiben entrinden und in sehr kleine Würfel schneiden. Schnittlauch abspülen, trocken tupfen und in Röllchen schneiden.

2. Fischfilet kurz unter fließendem kalten Wasser abspülen, trocken tupfen, in sehr kleine Würfel schneiden und in eine Schüssel geben. Die Toastbrotwürfel, Schnittlauchröllchen, Curry, Salz und Eiweiß hinzugeben. Die Zutaten gut vermischen und etwa 15 Minuten durchziehen lassen.

3. Sonnenblumenöl in einer tiefen Pfanne erhitzen. Aus dem Fischteig mit angefeuchteten Händen 24 Bällchen formen und evtl. portionsweise in dem erhitzten Sonnenblumenöl 6–8 Minuten goldbraun backen, dabei gelegentlich wenden. Fischbällchen mit einer Schaumkelle herausnehmen und auf Küchenpapier abtropfen lassen.

4. Für die Sauce Ananasstücke in kleinere Stücke schneiden, mit Mango-Chutney und Ketchup verrühren.

5. Die Curry-Fisch-Bällchen auf Tellern anrichten und nach Belieben mit Schnittlauchröllchen garniert servieren. Die Sauce dazureichen.

Tipp: Die Zutaten für die Fischbällchen unbedingt in sehr kleine Würfel schneiden, damit sich die Masse gut zu Bällchen formen lässt und diese beim Ausbacken nicht auseinanderfallen.

Currytopf mit Kokosmilch

Einfach

6 Portionen

Pro Portion: E: 28 g, F: 47 g, Kh: 17 g, kJ: 2505, kcal: 600, BE: 1,5

1	*mittelgroße Zwiebel (etwa 125 g)*
50 g	*Ingwer*
750 g	*Schweinegehacktes*
	Salz
	gem. Pfeffer
1–2 TL	*Currypulver*
4 EL	*Speiseöl, z. B. Maiskeimöl*
1	*Apfel (etwa 200 g)*
200 g	*Möhren*
150 g	*TK-Erbsen*
3 TL	*rote Currypaste*
250 ml (1/4 l)	*Geflügelfond*
400 ml	*ungesüßte Kokosmilch*
40 g	*Rosinen*
1 EL	*Limetten- oder Zitronensaft*

Zubereitungszeit: 40 Minuten
Garzeit: etwa 15 Minuten

1. Zwiebel abziehen und in Würfel schneiden. Ingwer schälen und klein würfeln.

2. Das Gehackte mit Salz, Pfeffer und Curry würzen. Speiseöl in einem großen Topf erhitzen. Gehacktes darin evtl. in 2 Portionen unter Rühren anbraten. Dabei die Fleischklümpchen mit einer Gabel zerdrücken. Die Zwiebel- und Ingwerwürfel hinzugeben und unter Rühren mit anbraten.

3. Den Apfel schälen, vierteln, entkernen und in kleine Würfel schneiden. Möhren putzen, schälen, abspülen, abtropfen lassen und in Stifte schneiden. Apfelwürfel und Möhrenstifte zu dem Gehackten in den Topf geben und kurz mitbraten.

4. Gefrorene Erbsen hinzugeben. Currypaste unterrühren. Geflügelfond und Kokosmilch hinzugießen. Rosinen unterrühren. Die Zutaten zum Kochen bringen. Den Currytopf etwa 15 Minuten bei mittlerer Hitze kochen lassen.

5. Den Currytopf mit Limetten- oder Zitronensaft und evtl. Salz und Pfeffer abschmecken.

Beilage: Langkornreis.

Tipps: Den Currytopf mit frisch gehacktem Koriander bestreuen und mit Korianderblättchen garnieren. Der Currytopf kann gut vorbereitet werden, dann kurz vor dem Verzehr erwärmen.

Dim Sum mit Chinakohl-Pflaumen-Füllung

(Zubereitung im Bambusdämpfer, Ø etwa 26 cm)

Raffiniert

12 Stück

Pro Stück: E: 4 g, F: 3 g, Kh: 25 g, kJ: 585, kcal: 140, BE: 2,0

250 g Weizenmehl
2 TL Dr. Oetker Trockenbackhefe
25 g Zucker
1 Prise Salz
175 ml lauwarmes Wasser

Für die Pflaumenpaste:

25 g Zwiebeln
1 Knoblauchzehe
10 g Ingwer
35 g getrocknete Soft-Pflaumen
1 EL Fünf-Gewürze-Pulver
1 TL Paprikapulver rosenscharf
25 g Zucker
2 EL Sojasauce

300 g Chinakohl
3 EL Speiseöl, z. B. Maiskeimöl

1 gestr. TL Dr. Oetker Backin

2 EL Schnittlauchröllchen
6 EL süße Sojasauce

Außerdem:

Backpapier

Zubereitungszeit: 45 Minuten, ohne Teiggehzeit
Dämpfzeit: etwa 15 Minuten

1. Für den Teig Mehl mit Trockenbackhefe in einer Rührschüssel sorgfältig vermischen. Zucker, Salz und Wasser hinzufügen. Die Zutaten mit Handrührgerät mit Knethaken zunächst kurz auf niedrigster, dann auf höchster Stufe in etwa 5 Minuten zu einem glatten Teig verarbeiten. Den Hefeteig zugedeckt so lange an einem warmen Ort gehen lassen, bis er sich etwa verdoppelt hat (etwa 90 Minuten).

2. In der Zwischenzeit für die Pflaumenpaste Zwiebeln und Knoblauch abziehen. Ingwer schälen. Zwiebeln, Knoblauch, Ingwer und Soft-Pflaumen klein würfeln, zusammen mit dem Fünf-Gewürze-Pulver, Paprikapulver, Zucker und der Sojasauce fein pürieren.

3. Chinakohl putzen. Den Kohl vierteln, den Strunk herausschneiden. Kohl abspülen, abtropfen lassen und in feine, kurze Streifen schneiden. Speiseöl in einer Pfanne erhitzen. Kohlstreifen darin bei starker Hitze unter Wenden etwa 3 Minuten anbraten. Die Pflaumenpaste untermischen. Die Füllung aus der Pfanne nehmen und abkühlen lassen.

4. Aus dem Backpapier 12 quadratische Stücke (etwa 6 x 6 cm) schneiden. Den gegangenen Hefeteig aus der Schüssel nehmen und auf eine leicht bemehlte Arbeitsfläche legen. Den Teig mit dem Backpulver besieben und einmal kräftig durchkneten.

5. Teig zu einer Rolle formen und in 12 gleich große Stücke schneiden. Jedes Teigstück auf der leicht bemehlten Arbeitsfläche zu einem Kreis (Ø etwa 8 cm) ausrollen.

6. Die Kohlmischung auf der Mitte der Teigplatten verteilen. Jeweils die Teigränder so über der Füllung zusammennehmen und andrücken, dass die Füllung von dem Teig vollständig umschlossen ist und Klößchen entstehen.

7. Jeweils 6 Klößchen mit der Naht nach unten und mit ein wenig Abstand auf die Backpapierstücke in 2 Dämpfeinsätze legen. Die Klößchen zugedeckt nochmals etwa 30 Minuten gehen lassen.

8. In 2 großen, zu den Bambusdämpfern passenden, Töpfen oder Pfannen mit hohem Rand etwa 4 cm hoch Wasser zum Kochen bringen. Die Dämpfeinsätze hineinstellen und mit je einem Deckel verschließen. Die Klößchen über dem Wasserdampf etwa 15 Minuten dämpfen.

9. Dim-Sum-Klößchen aus den Dämpfern nehmen, das Backpapier entfernen. Dim Sum mit Schnittlauchröllchen bestreuen und mit süßer Sojasauce servieren.

Dreierlei Kalbscurry

Etwas aufwendiger

4 Portionen

Pro Portion: E: 43 g, F: 21 g, Kh: 19 g, kJ: 1842, kcal: 442, BE: 1,0

750 g	*Kalbfleisch (aus der Oberschale, Schnitzelfleisch)*
	gem. Pfeffer
250 g	*Zwiebeln*
3 EL	*Speiseöl, z. B. Sonnenblumenöl*
	Salz
je 50 g	*rote, grüne und gelbe Currypaste*
300 ml	*Fleischbrühe oder Kalbsfond*
150 ml	*Kokosmilch*
1/2	*Mango (etwa 250 g)*
1	*rote Paprikaschote*
etwa 150 g	*Frühlingszwiebeln*
einige	*Minzeblättchen*

Zubereitungszeit: 40 Minuten
Garzeit: etwa 45 Minuten

1. Kalbfleisch mit Küchenpapier trocken tupfen und in etwa 2 cm große Stücke schneiden. Fleischwürfel mit Pfeffer bestreuen und in 3 gleich große Portionen teilen. Zwiebeln abziehen, in kleine Würfel schneiden.

2. Die Fleischportionen getrennt in je einer Pfanne garen. Dafür jeweils 1 Esslöffel des Speiseöls in einer Pfanne erhitzen.

3. Je 1 Fleischportion darin von allen Seiten anbraten, mit Salz würzen. Je ein Drittel der Zwiebelwürfel mit anbraten.

4. Die rote, grüne und gelbe Currypaste unter jeweils 1 Fleischportion rühren. Je 100 ml Fleischbrühe oder Fond und 50 ml Kokosmilch hinzugießen, zum Kochen bringen und zugedeckt etwa 30 Minuten bei schwacher Hitze garen. Evtl. verdampfte Flüssigkeit durch Wasser ersetzen.

5. Die Mangohälfte schälen. Das Fruchtfleisch zuerst in Scheiben, dann in Stifte schneiden.

6. Paprikaschote halbieren, entstielen, entkernen und die weißen Scheidewände entfernen. Schotenhälften abspülen, trocken tupfen und in schmale Streifen schneiden.

7. Die Frühlingszwiebeln putzen, abspülen, abtropfen lassen und in Scheiben schneiden.

8. Die Minzeblättchen abspülen und trocken tupfen. Je 1 Esslöffel der Mangostifte, Paprikastreifen und Frühlingszwiebelscheiben zum Garnieren beiseitelegen.

9. Restliche Mangostifte zu dem gelben Curry, restliche Paprikastreifen zu dem roten Curry und restliche Frühlingszwiebeln zu dem grünen Curry geben, unterrühren, zugedeckt weitere etwa 15 Minuten garen.

10. Dreierlei Kalbscurry mit den beiseitegelegten Mangostiften, Paprikastreifen, Frühlingszwiebelscheiben und Minzeblättchen garniert servieren.

Beilage: Jasminreis.

Rezeptvariante: Für ein **schnelles Fleischcurry nach indonesischer Art** etwa 400 g Roastbeef trocken tupfen und in feine Streifen schneiden. 3 Esslöffel Speiseöl in einer großen Pfanne erhitzen. Die Fleischstreifen evtl. portionsweise darin anbraten. 1 Teelöffel Weizenmehl daraufstäuben und unterrühren. 2 in Streifen geschnittene Paprikaschoten, 4 gewürfelte Zwiebeln, 4 enthäutete, gewürfelte Tomaten, 4 Esslöffel Sojasauce, 100 g Schlagsahne und 150 ml Fleisch- oder Gemüsebrühe hinzufügen und unterrühren. Das Ganze mit Curry, Salz und Pfeffer würzen, bei schwacher Hitze etwa 20 Minuten zugedeckt garen, dabei ab und zu umrühren.

Filetspieße mit Kräuterreis

Beliebt

4 Portionen

Pro Portion: E: 35 g, F: 9 g, Kh: 51 g, kJ: 1811, kcal: 433, BE: 4,0

500 g	*Schweinefilet*
2	*mittelgroße Zucchini*
je 2	*rote und gelbe Paprikaschoten*
1 EL	*Sojasauce*
2 EL	*Speiseöl, z. B. Maiskeimöl*
1 EL	*Joghurt (3,5 % Fett)*
1 gestr. TL	*Currypulver*
200 g	*Parboiled Reis oder Naturreis*
6 Stängel	*Koriander oder Petersilie*
2 EL	*Speiseöl, z. B. Maiskeimöl*
	Salz
	gem. Pfeffer
gem.	*Koriandersamen oder gerebelter Thymian*

Außerdem:

8	*Holz- oder Metallspieße*

Zubereitungszeit: 30 Minuten, ohne Durchziehzeit

1. Das Schweinefilet mit Küchenpapier trocken tupfen und in Würfel schneiden.

2. Die Zucchini abspülen, abtrocknen und die Enden abschneiden. Zucchini in dicke Scheiben schneiden. Paprikaschoten halbieren, entstielen, entkernen und die weißen Scheidewände entfernen. Schotenhälften abspülen, abtropfen lassen und in Stücke schneiden.

3. Die Filetwürfel, Zucchinischeiben und Paprikastücke abwechselnd auf 8 Spieße stecken.

4. Sojasauce mit Speiseöl, Joghurt und Curry verrühren und die Spieße damit rundherum bestreichen. Die Spieße zugedeckt etwa 30 Minuten im Kühlschrank durchziehen lassen.

5. In der Zwischenzeit den Reis in kochendem Salzwasser nach Packungsanleitung garen. Den Reis in ein Sieb geben, abtropfen lassen und warm stellen.

6. Koriander abspülen, trocken tupfen und die Blättchen von den Stängeln zupfen.

7. Das Speiseöl in einer großen Pfanne erhitzen. Die Fleisch-Gemüse-Spieße hinzugeben und bei mittlerer Hitze etwa 10 Minuten von allen Seiten braten. Spieße herausnehmen, mit Salz, Pfeffer und Koriander oder Thymian würzen.

8. Die Kräuterblättchen unter den warm gestellten Reis heben. Die Filetspieße mit dem Kräuterreis servieren.

Tipps: Statt Zucchini können Sie auch etwa 200 g mittelgroße Champignons verwenden. Anstelle von Schweinefilet können Sie auch Rinderfilet oder Hähnchenbrustfilet nehmen. Nach Belieben die Spieße mit Chilisauce servieren.

Fischrouladen mit Spinat im Reisblatt

(Zubereitung im Bambusdämpfer, Ø etwa 26 cm)

Raffiniert

4 Portionen

Pro Portion: E: 40 g, F: 23 g, Kh: 23 g, kJ: 1938, kcal: 464, BE: 2,0

450 g TK-Blattspinat
4 große, runde Reisteigblätter (Ø etwa 30 cm)
4 Scheiben Toastbrot
2 EL Butter
2 Tomaten
2 EL Knoblauchbutter
Salz, gem. Pfeffer
4 Seelachsfilets (je etwa 160 g)

Für die Sauce:

2 Eigelb (Größe M)
200 ml Gemüsebrühe
1 EL Sojasauce

einige Kerbelblättchen

Außerdem:

4 Stücke Pergamentpapier in Größe der Fischrouladen

Zubereitungszeit: 35 Minuten, ohne Auftauzeit
Dämpfzeit: etwa 15 Minuten

1. Den Blattspinat nach Packungsanleitung auftauen lassen. Reisteigblätter einzeln zwischen nassen Geschirrtüchern einweichen. Toastbrotscheiben in etwa 1 cm große Würfel schneiden.

2. Butter in einer Pfanne zerlassen. Toastbrotwürfel darin von allen Seiten goldgelb rösten. Tomaten abspülen, abtrocknen, vierteln und die Stängelansätze herausschneiden. Tomatenviertel entkernen und in kleine Würfel schneiden.

3. Knoblauchbutter in einer Pfanne zerlassen. Den Blattspinat gut ausdrücken, hinzugeben und andünsten. Spinat mit Salz und Pfeffer abschmecken.

4. Die Fischfilets unter fließendem kalten Wasser abspülen und trocken tupfen. Filets mit Salz und Pfeffer würzen. Etwa zwei Drittel der Tomatenwürfel und die Toastbrotwürfel unter den Spinat rühren.

5. Die Reisteigblätter nebeneinander auf nassen Geschirrtüchern ausbreiten. Etwa die Hälfte der Spinatmasse mittig auf den Reisblättern verteilen. Je 1 Fischfilet darauflegen. Restliche Spinatmasse daraufgeben. Die Reisteigblätter seitlich einschlagen, auf die Füllung klappen und zu Rouladen aufwickeln.

6. Eine große Pfanne oder einen Wok etwa 3 cm hoch mit Wasser füllen, Wasser zum Kochen bringen. Die Fischrouladen mit der Naht nach unten auf Pergamentpapierstücke legen und mit etwas Abstand in einen Dämpfeinsatz geben. Darauf achten, dass nicht alle Dampfaustrittslöcher bedeckt sind. Den Dämpfeinsatz mit dem Deckel verschließen und in die Pfanne oder den Wok setzen. Die Fischrouladen etwa 15 Minuten dämpfen.

7. Für die Sauce Eigelb in einer Edelstahlschüssel im heißen Wasserbad mit einem Schneebesen schaumig schlagen. Gemüsebrühe in einem dünnen Stahl hinzugießen, dabei ständig weiterschlagen, bis eine cremig-schaumige Sauce entsteht. Die Sauce mit Salz, Pfeffer und Sojasauce abschmecken.

8. Die Fischrouladen mit der Sauce, den restlichen Tomatenwürfeln und mit abgespülten und trocken getupften Kerbelblättchen garniert servieren.

Fischtopf „Indonesischer Art“

Leichter Genuss

4 Portionen

Pro Portion: E: 46 g, F: 15 g, Kh: 8 g, kJ: 1505, kcal: 359, BE: 0,0

4 Kabeljaufilets (je etwa 200 g)
Salz
gem. Pfeffer
gem. Ingwer
500 g Sojabohnenkeimlinge

Für die Sauce:

2 Knoblauchzehen
150 g saure Sahne
2 EL gehackter Dill

30 g gestiftelte Mandeln

Zubereitungszeit: 15 Minuten
Garzeit: etwa 25 Minuten

1. Den Backofen vorheizen.
Ober-/Unterhitze: etwa 200 °C
Heißluft: etwa 180 °C

2. Kabeljaufilets unter fließendem kalten Wasser abspülen und trocken tupfen. Die Filets mit Salz, Pfeffer und Ingwer würzen.

3. Sojabohnenkeimlinge abspülen und abtropfen lassen. Die Sojabohnenkeimlinge in einer flachen Auflaufform (gefettet) verteilen. Die Kabeljaufilets nebeneinander darauflegen.

4. Für die Sauce den Knoblauch abziehen, durch eine Knoblauchpresse drücken und mit saurer Sahne verrühren und Dill hinzugeben. Die Sauce mit Salz und Pfeffer würzen.

5. Die Sauce auf den Kabeljaufilets verteilen und Mandeln daraufstreuen. Die Form auf dem Rost in den vorgeheizten Backofen schieben. Den Fischtopf **etwa 25 Minuten garen.** Den Fischtopf sofort servieren.

Fleischcurry

Gut vorzubereiten

4 Portionen

Pro Portion: E: 39 g, F: 24 g, Kh: 7 g, kJ: 1691, kcal: 404, BE: 0,5

750 g Lammschulter (ohne Knochen)
1 Zwiebel
2 Knoblauchzehen
50 g Butter
1 TL Chilipulver
1 TL gem. Pfeffer
2 TL gem. Koriander
1 TL gem. Kreuzkümmel (Cumin)
1 TL Kurkuma (Gelbwurz)
3 Tomaten
Salz
300 ml heiße Fleischbrühe
2 gestr. TL Garam Masala (indische Gewürzmischung)
Saft von 1 Zitrone

5–6 Cocktailtomaten
einige Zitronenmelisseblättchen

Zubereitungszeit: 30 Minuten
Garzeit: etwa 60 Minuten

1. Lammschulter kurz unter fließendem kalten Wasser abspülen und trocken tupfen, evtl. Fett und Sehnen entfernen. Das Lammfleisch in etwa 2 cm große Würfel schneiden.

2. Zwiebel und Knoblauch abziehen, in sehr kleine Würfel schneiden. Butter in einer großen Pfanne erhitzen. Zwiebel- und Knoblauchwürfel darin andünsten. Chili, Pfeffer, Koriander, Kreuzkümmel und Kurkuma hinzufügen.

3. Die Tomaten kreuzweise einschneiden und mit kochendem Wasser übergießen. Nach 1–2 Minuten herausnehmen und mit kaltem Wasser abschrecken. Die Tomaten enthäuten, vierteln, entkernen und die Stängelansätze herausschneiden. Tomatenviertel zu den Zwiebel- und Knoblauchwürfeln in die Pfanne geben. Die Lammfleischwürfel mit Salz würzen und ebenfalls hinzugeben.

4. Die heiße Brühe hinzugießen, zum Kochen bringen und zugedeckt etwa 45 Minuten bei schwacher Hitze kochen lassen, dabei gelegentlich umrühren.

5. Fleischcurry mit Garam Masala und Zitronensaft abschmecken und weitere etwa 10 Minuten kochen lassen.

6. Tomaten abspülen, abtrocknen, halbieren und die Stängelansätze herausschneiden. Melisseblättchen abspülen und trocken tupfen.

7. Das Fleischcurry in einer Schüssel anrichten, mit Tomatenhälften und Melisseblättchen garniert servieren.

Frittierte Feigenröllchen

Süßer Snack

4 Portionen

Pro Portion: E: 10 g, F: 15 g, Kh: 66 g, kJ: 1884, kcal: 450, BE: 5,5

Für die Füllung:

250 g getrocknete Feigen
200 ml Wasser
1–2 EL Zitronensaft
1–2 EL Orangenblütenwasser (erhältlich in der Apotheke)

12 dreieckige Yufkateigblätter
heißes Wasser
1 l Speiseöl, z. B. Sonnenblumenöl

300 g Joghurt (3,5 % Fett)
25 g gehackte Pistazienkerne

Zubereitungszeit: 30 Minuten, ohne Abkühlzeit

1. Für die Füllung die Feigen entstielen und in Streifen schneiden. Feigenstreifen mit Wasser und Zitronensaft in einem kleinen Topf zum Kochen bringen. Die Feigenstreifen bei schwacher Hitze so lange kochen lassen, bis die Flüssigkeit verdampft ist, mit Orangenblütenwasser abschmecken. Die Feigenmasse abkühlen lassen und in 12 Portionen teilen.

2. Ein Teigblatt mit der kurzen Seite nach unten auf eine Arbeitsfläche legen. 1 Portion der Feigenmasse an die untere Teigkante legen. Den restlichen Teig um die Füllung herum dünn mit heißem Wasser bestreichen. Die Seiten nach innen klappen und ebenfalls bestreichen. Feigenmasse einrollen. Die restlichen Teigblätter auf die gleiche Weise zubereiten.

3. Das Speiseöl in einem großen Topf oder in einer Fritteuse auf etwa 175 °C erhitzen und die Feigenröllchen darin portionsweise unter Wenden goldbraun frittieren.

4. Die Feigenröllchen jeweils mit einer Schaumkelle herausnehmen, auf einen mit Küchenpapier belegten Kuchenrost legen und abtropfen lassen.

5. Die Feigenröllchen warm mit Joghurt und Pistazienkernen servieren.

Tipp: Die gefüllten Röllchen vor dem Frittieren mit verschlagenem Eiweiß bestreichen und in geschältem Sesamsamen wälzen.

Frittierte Hähnchenwürfel „Indonesische Art“

Mit Alkohol

4 Portionen

Pro Portion: E: 36 g, F: 12 g, Kh: 13 g, kJ: 1324, kcal: 317, BE: 0,0

500 g Hähnchenbrustfilet
1 Ei (Größe M)
3 TL Speisestärke
2 TL Sambal Manis (süßlich-scharfe indonesische Chilipaste)
200 g Sojabohnensprossen
1 rote Paprikaschote
1 Bund Frühlingszwiebeln
1 Knoblauchzehe
20 g Ingwer
350 ml Sojaöl
180 g abgetropfte Bambusstreifen (aus dem Glas)
50 ml Hühner- oder Gemüsebrühe
100 ml Reiswein
3 EL Sojasauce

Zubereitungszeit: 40 Minuten

1. Hähnchenbrustfilet kurz unter fließendem kalten Wasser abspülen, trocken tupfen und in etwa 3 cm große Würfel schneiden. Das Ei in einer Schale verschlagen, Speisestärke und Sambal Manis unterrühren. Die Hähnchenfleischwürfel darin wenden.

2. Sojabohnensprossen in ein Sieb geben, abspülen und abtropfen lassen.

3. Paprikaschote halbieren, entstielen, entkernen und die weißen Scheidewände entfernen. Schotenhälften abspülen, abtropfen lassen und in Würfel schneiden.

4. Die Frühlingszwiebeln putzen, abspülen, abtropfen lassen und in feine Scheiben schneiden. Knoblauch abziehen. Ingwer schälen. Knoblauch und Ingwer in feine Würfel schneiden.

5. Sojaöl in einem Wok erhitzen. Die Hähnchenfleischwürfel darin portionsweise jeweils etwa 3 Minuten unter Wenden frittieren. Die Hähnchenfleischwürfel mit einer Schaumkelle herausnehmen, auf Küchenpapier abtropfen lassen und warm stellen. Das verbliebene Sojaöl aus dem Wok in einen Topf gießen.

6. Den Wok wieder auf die Kochstelle stellen. Die Paprikawürfel darin unter Rühren andünsten. Knoblauch- und Ingwerwürfel unterrühren. Frühlingszwiebelscheiben und Bambusstreifen hinzufügen, kurz mitdünsten lassen. Sojabohnensprossen mit Brühe, Reiswein und Sojasauce unterrühren, kurz aufkochen lassen.

7. Die Hähnchenfleischwürfel mit dem Gemüse anrichten und servieren.

Beilage: Reis.

Frühjahrs-Kimtschi

Beilage nach koreanischer Art

4 Portionen

Pro Portion: E: 2 g, F: 1 g, Kh: 7 g, kJ: 187, kcal: 45, BE: 0,5

125 g Möhren
200 g Rettich
200 g Chinakohl
75 g Frühlingszwiebeln
1 rote Peperoni (etwa 15 g)
1 Knoblauchzehe
15 g Ingwer
1 gestr. TL Salz
2 EL Paprikapulver rosenscharf oder edelsüß nach Geschmack

Zubereitungszeit: 20 Minuten, ohne Durchziehzeit

1. Möhren und Rettich putzen, schälen, abspülen und abtropfen lassen. Chinakohl putzen. Den Kohl vierteln, den Strunk herausschneiden. Kohl abspülen, abtropfen lassen und in feine, kurze Streifen schneiden. Die Frühlingszwiebeln putzen, abspülen und abtropfen lassen, das dunkle Grün abschneiden. Möhren, Rettich, Chinakohl und Frühlingszwiebeln (nur das Weiße) in etwa 1 cm breite Stücke schneiden.

2. Peperoni halbieren, entstielen, entkernen, abspülen und abtropfen lassen. Die Peperoni in dünne Streifen schneiden. Den Knoblauch abziehen. Ingwer schälen. Knoblauch und Ingwer grob hacken.

3. Die Gemüsestücke mit Peperoni, Knoblauch und Ingwer in einer Küchenmaschine mit dem Schneidmesser in kleine Stücke hacken. Die Mischung dann mit dem Salz und Paprikapulver in einer Schüssel (am besten Porzellan oder Steingut) mischen, zugedeckt 2–3 Tage im Gemüsefach des Kühlschrankes durchziehen lassen.

Tipp: Das eingelegte Gemüse z.B. zu Tofugerichten servieren.

Frühlingsrollen

Klassisch – mit Alkohol

4–6 Portionen

Pro Portion: E: 21 g, F: 29 g, Kh: 71 g, kJ: 2624, kcal: 626, BE: 5,5

- *1 Pck. TK-Frühlingsrollen-Teigplatten (etwa 21,5 x 21,5 cm)*
- *250 g Schweinefilet*
- *2 TL Speisestärke*
- *1 EL Sojasauce*
- *1 EL Sherry*
- *10 g getrocknete Mu-err-Pilze*
- *125 g Chinakohl*
- *125 g Frühlingszwiebeln*
- *etwa 1 1/2 l Speiseöl, z. B. Sonnenblumenöl*
- *100 g abgetropfte Bambusschösslinge, in Stücken (aus der Dose)*
- *1 gestr. TL Salz*
- *1 TL Zucker*
- *1 Eiweiß*

Zubereitungszeit: 50 Minuten, ohne Auftau-, Marinier- und Einweichzeit

1. Die Teigplatten nach Packungsanleitung auftauen lassen.

2. Das Schweinefilet mit Küchenpapier trocken tupfen, in feine Streifen schneiden und in eine flache Schale legen. Speisestärke mit Sojasauce und Sherry verrühren, auf den Fleischstreifen verteilen und etwa 30 Minuten marinieren.

3. Mu-err-Pilze nach Packungsanleitung einweichen. Chinakohl putzen, abspülen, abtropfen lassen und den Strunk entfernen. Frühlingszwiebeln putzen, abspülen und abtropfen lassen. Chinakohl und Frühlingszwiebeln in feine Streifen schneiden. Eingeweichte Pilze abtropfen lassen, evtl. putzen, in Streifen schneiden.

4. 5–6 Esslöffel des Speiseöls in einem Wok erhitzen. Die Fleischstreifen darin etwa 1 Minute von beiden Seiten frittieren, herausnehmen und auf Küchenpapier abtropfen lassen. Das verbliebene Bratfett aus dem Wok gießen.

5. Wieder 2 Esslöffel von dem Speiseöl in dem Wok erhitzen. Chinakohl-, Frühlingszwiebelstreifen, Bambusschösslinge und Pilzstreifen darin evtl. in 2 Portionen etwa 1 Minute unter Rühren anbraten. Die frittierten Fleischstreifen hinzugeben, mit Salz und Zucker würzen, 1–2 Minuten unter Rühren mitbraten und herausnehmen. Das verbliebene Bratfett wieder aus dem Wok entfernen.

6. Jeweils 1–2 Esslöffel der Füllung auf je 1 Teigblatt geben. Die Füllung ein Stückchen einrollen, dann die Seiten der Teigblätter einschlagen und ganz aufrollen. Eiweiß verschlagen, die Teigenden damit bestreichen und gut andrücken.

7. Restliches Speiseöl in dem Wok erhitzen. Die Frühlingsrollen darin unter Wenden goldbraun frittieren.

8. Die Frühlingsrollen mit einem Schaumlöffel aus dem Wok nehmen und auf einem mit Küchenpapier belegten Kuchenrost abtropfen lassen.

Tipp: Die Frühlingsrollen mit Sojasauce, süß-scharfer Chilisauce oder mit Joghurt servieren.

Frühlingsrollen mit Chinakohl-Hähnchen-Füllung

Dauert länger

4 Portionen

Pro Portion: E: 29 g, F: 34 g, Kh: 41 g, kJ: 2452, kcal: 584, BE: 3,0

16	*TK-Frühlingsrollen-Teigplatten (etwa 21,5 x 21,5 cm)*
300 g	*Hähnchenbrustfilet*
1 EL	*Austernsauce*
1 EL	*Fischsauce*
2 TL	*Speisestärke*
2 TL	*Sambal Manis (süßlich-scharfe indonesische Chilipaste)*
400 g	*Chinakohl*
100 g	*Möhren*
1	*Zwiebel*
2	*hart gekochte Eier*
6 EL	*Erdnussöl*
1	*Eiweiß*
500 ml (1/2 l)	*Erdnussöl zum Frittieren*

Zubereitungszeit: 50 Minuten, ohne Auftau- und Abkühlzeit

1. Die Teigplatten nach Packungsanleitung auftauen lassen.

2. Hähnchenbrustfilet kurz unter fließendem kalten Wasser abspülen, trocken tupfen und in feine Streifen schneiden. Die Hähnchenstreifen mit Austern-, Fischsauce, Speisestärke und Sambal Manis vermischen.

3. Den Chinakohl putzen, halbieren oder vierteln und den Stunk herausschneiden. Den Chinakohl abspülen, gut abtropfen lassen und in feine Streifen schneiden. Möhren putzen, schälen, abspülen, abtropfen lassen und in kleine Würfel schneiden. Zwiebel abziehen und ebenfalls klein würfeln. Eier pellen, halbieren und grob hacken.

4. Erdnussöl in einem Wok erhitzen. Die Hähnchenstreifen darin unter Rühren anbraten. Möhren- und Zwiebelwürfel hinzufügen, unter Rühren kurz mit anbraten. Die Chinakohlstreifen kurz unterrühren. Die Chinakohl-Hähnchen-Mischung sofort aus dem Wok nehmen, erkalten lassen. Gehackte Eier unterheben.

5. Das Eiweiß mit einer Gabel verschlagen. Die Teigblätter auf der Arbeitsfläche ausbreiten, immer 2 Teigblätter mit einer Spitze nach unten aufeinanderlegen.

6. Jeweils 2 Esslöffel der Chinakohl-Hähnchen-Mischung auf die Mitte des unteren Teigplatten-Drittels geben. Die untere Spitze auf die Füllung klappen und bis etwa zur Hälfte der Teigplatte einrollen. Dann die seitlichen Spitzen zur Mitte hin einschlagen und ganz aufrollen. Die obere Teigspitze mit dem verschlagenen Eiweiß bestreichen und auf der Teigrolle andrücken.

7. Das Erdnussöl in einem Wok auf etwa 175 °C erhitzen. Je 2 Teigrollen mit der Naht nach unten in das erhitzte Erdnussöl geben. Die Frühlingsrollen nacheinander jeweils 3–5 Minuten frittieren. Dabei die Teigrollen jeweils einmal wenden. Die frittierten Teigrollen mit einem Schaumlöffel herausnehmen, auf Küchenpapier etwas abtropfen lassen und warm stellen.

Tipp: Die Frühlingsrollen mit Chili- oder Sojasauce servieren.

Frühlingsrollen mit Fisch

Für Gäste – etwas aufwendiger

4 Portionen

Pro Portion: E: 15 g, F: 24 g, Kh: 55 g, kJ: 2166, kcal: 518, BE: 4,5

200 g	*TK-Schollenfilets*
500 g	*TK-Chinagemüse*
250 g	*Reisteigblätter (etwa 32 Blätter, erhältlich im Asialaden)*
2–3 EL	*Speiseöl, z. B. Sonnenblumenöl*
	gem. Pfeffer
	Sojasauce
4 EL	*Speiseöl, z. B. Sonnenblumenöl*

Zubereitungszeit: 60 Minuten, ohne Auftau- und Einweichzeit

1. Für die Füllung Schollenfilets und Gemüse nach Packungsanleitung auftauen lassen.

2. Schollenfilets unter fließendem kalten Wasser abspülen, trocken tupfen und in Streifen schneiden.

3. Die Reisteigblätter einzeln zwischen nassen Geschirrtüchern einweichen.

4. Speiseöl in einer beschichteten Pfanne erhitzen. Die Schollenfiletstreifen darin kurz unter Wenden anbraten. Gemüse hinzugeben und kurz mitgaren. Mit Pfeffer und Sojasauce würzen.

5. Dann jeweils 2 Reisteigblätter auf einem feuchten Geschirrtuch auf der Arbeitsfläche ausbreiten. Etwa 2 Esslöffel der Fisch-Gemüse-Mischung mittig daraufgeben. Zunächst die Seiten einschlagen, danach die Reisteigblätter aufrollen und ein wenig festdrücken. So weiterverfahren, bis 16 Rollen gefüllt sind.

6. Das Speiseöl in einer beschichteten Pfanne erhitzen. Frühlingsrollen darin portionsweise bei schwacher Hitze etwa 10 Minuten unter Wenden braten.

Frühlingsrollen mit Tilapiafilet

Dauert länger

4 Portionen

Pro Portion: E: 23 g, F: 29 g, Kh: 42 g, kJ: 2183, kcal: 519, BE: 3,5

16 TK-Frühlingsrollen-Teigplatten (etwa 21,5 x 21,5 cm)
300 g Tilapiafilet
200 g Mangold
1 Zwiebel
1 Knoblauchzehe
80 g getrocknete Tomaten, in Öl eingelegt
6 EL Sojaöl
1 EL China-Gewürzzubereitung
1 Eiweiß
500 ml (1/2 l) Sojaöl

Zubereitungszeit: 50 Minuten, ohne Auftau- und Abkühlzeit

1. Die Teigplatten nach Packungsanleitung auftauen lassen.

2. Fischfilet kurz unter fließendem kalten Wasser abspülen, trocken tupfen und in etwa 2 cm große Stücke schneiden.

3. Mangold putzen, gründlich waschen und abtropfen lassen. Die dicken Stängel von den Blättern schneiden, dabei evtl. die Stängel abziehen. Die Stängel und die Blätter in etwa 1 cm breite Streifen schneiden.

4. Zwiebel und Knoblauchzehe abziehen und in feine Würfel schneiden. Die Tomaten abtropfen lassen, in Streifen schneiden.

5. Sojaöl in einem Wok erhitzen. Die Fischstücke darin unter Wenden anbraten, dann von der Mitte aus an den Wokrand schieben.

6. Die Zwiebel- und Knoblauchwürfel in der Mitte des Woks unter Rühren anbraten. Mangoldstängelstreifen hinzufügen und kurz andünsten, anschließend die Mangoldblätterstreifen unterrühren.

7. Die Fisch-Mangold-Mischung aus dem Wok nehmen und die Tomatenstreifen unterheben. Mit der China-Gewürzzubereitung abschmecken und erkalten lassen.

8. Das Eiweiß mit einer Gabel verschlagen. Die Teigblätter auf einer Arbeitsfläche ausbreiten und immer 2 Teigblätter mit einer Spitze nach unten aufeinanderlegen.

9. Jeweils 2 Esslöffel der Tilapia-Mangold-Mischung auf die Mitte des unteren Teigplatten-Drittels geben. Die untere Spitze auf die Füllung klappen und bis etwa zur Hälfte der Teigplatte einrollen. Dann die seitlichen Spitzen zur Mitte einschlagen und die Platte ganz aufrollen. Die obere Teigspitze mit dem verschlagenen Eiweiß bestreichen und auf der Teigrolle andrücken.

10. Sojaöl in einem Wok auf etwa 175 °C erhitzen. Je 2 Teigrollen mit der Naht nach unten in das erhitzte Sojaöl geben. Die Rollen nacheinander je 3–5 Minuten frittieren. Dabei die Teigrollen jeweils einmal wenden. Die frittierten Teigrollen mit einem Schaumlöffel herausnehmen, auf Küchenpapier etwas abtropfen lassen und warm stellen.

Tipps: Die Frühlingsrollen mit Mango-Chutney (aus dem Glas) servieren. Statt Mangold kann auch frischer Blattspinat verwendet werden. Für die richtige Frittiertemperatur des Öls einen Holzlöffelstiel in das Fett halten. Bilden sich Bläschen um den Holzlöffelstiel, ist die richtige Temperatur erreicht.

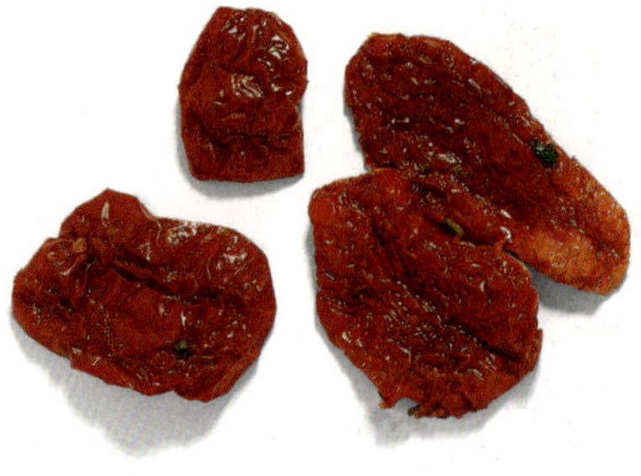

Gado Gado (Gemüse mit Erdnusssauce)

Raffiniert

4 Portionen

Pro Portion: E: 18 g, F: 20 g, Kh: 16 g, kJ: 1325, kcal: 317, BE: 1,5

500 g Blumenkohl
200 g grüne Bohnen
150 g Zuckerschoten
250 g dicke Möhren
Salz

Für die Erdnusssauce:

80 g Erdnussbutter
100 ml ungesüßte Kokosmilch
1 TL rote Currypaste
1 EL Sojasauce
2 EL Limettensaft

4 hart gekochte Eier
150 g Cocktailtomaten

Zubereitungszeit: 30 Minuten

1. Vom Blumenkohl die Blätter entfernen und den Strunk abschneiden. Den Blumenkohl in Röschen teilen, abspülen und abtropfen lassen. Von den Bohnen und Zuckerschoten die Enden leicht schräg abschneiden und evtl. abfädeln. Die Bohnen und Zuckerschoten abspülen und abtropfen lassen.

2. Die Möhren putzen, schälen, abspülen und abtropfen lassen. Nach Belieben in die Möhren der Länge nach mit einem kleinen Messer 3 Keile hineinschneiden. Die Möhren leicht schräg in etwa 1 cm dicke Scheiben schneiden.

3. Salzwasser in einem Topf zum Kochen bringen. Das Gemüse darin nacheinander bissfest garen (die Blumenkohlröschen etwa 3 Minuten, die Zuckerschoten etwa 1 Minute, die Möhrenscheiben etwa 2 Minuten und die Bohnen etwa 5 Minuten). Das gegarte Gemüse jeweils mit einer Schaumkelle aus dem Topf nehmen, mit eiskaltem Wasser abspülen und gut abtropfen lassen.

4. Für die Erdnusssauce die Erdnussbutter mit Kokosmilch, roter Currypaste, Sojasauce und dem Limettensaft verrühren und salzen.

5. Die Eier pellen und in Viertel schneiden. Tomaten abspülen, abtrocknen, vierteln und die Stängelansätze herausschneiden. Das Gemüse mit den Eiern, Tomatenvierteln und der Sauce anrichten.

Tipp: Servieren Sie Krabbenchips (Kroepoek) dazu.

Garnelencurry

Etwas Besonderes

2 Portionen

Pro Portion: E: 40 g, F: 29 g, Kh: 43 g, kJ: 2481, kcal: 594, BE: 3,0

350 g	*TK-Riesengarnelen (entdarmt, ohne Kopf und Schale)*
20 g	*Ingwer*
5	*Knoblauchzehen*
1 EL	*Sojasauce*
1–2 EL	*Speisestärke*
2 EL	*Currypulver*
1 EL	*Garam Masala (indische Gewürzmischung)*
150 g	*Möhren*
150 g	*Zuckerschoten*
1 Bund	*Frühlingszwiebeln*
3 EL	*Sojaöl*
150 ml	*Hühnerbrühe*
100 ml	*Kokosmilch*
	Salz, gem. Pfeffer

Zubereitungszeit: 30 Minuten, ohne Auftauzeit

1. Garnelen nach Packungsanleitung auftauen lassen. Ingwer schälen und Knoblauch abziehen. Ingwer und Knoblauch in kleine Würfel schneiden.

2. Die aufgetauten Garnelen unter fließendem kalten Wasser abspülen und trocken tupfen. Garnelen mit Ingwer-, Knoblauchwürfeln, Sojasauce, Speisestärke, Curry und Garam Masala vermischen und bis zur weiteren Verwendung zugedeckt in den Kühlschrank stellen.

3. Die Möhren putzen, schälen, abspülen, abtropfen lassen und in Scheiben schneiden. Von den Zuckerschoten die Enden abschneiden, evtl. abfädeln. Die Zuckerschoten abspülen, abtropfen lassen und nach Belieben halbieren. Frühlingszwiebeln putzen, abspülen, abtropfen lassen und in etwa 2 cm große Stücke schneiden.

4. Sojaöl in einem Wok erhitzen. Die beiseitegestellte Garnelenmischung darin unter Rühren von allen Seiten bei mittlerer Hitze anbraten. Die Garnelen mit einem Schaumlöffel herausnehmen.

5. Möhrenscheiben, Zuckerschoten und Frühlingszwiebelstücke in dem verbliebenen Bratfett unter Rühren kurz andünsten. Hühnerbrühe und Kokosmilch hinzufügen. Das Gemüse zugedeckt etwa 3 Minuten garen.

6. Die Garnelen zum Gemüse geben und erhitzen. Das Garnelencurry mit Salz und Pfeffer abschmecken.

Tipps: Dazu passt Basmatireis und gemischtes, gedünstetes Gemüse oder ein Tomatensalat mit Koriander. Statt des frischen Ingwers kann auch eingelegter Ingwer verwendet werden. Zusätzlich können Sie noch 150 g halbierte Cocktailtomaten unter das Curry rühren. Wenn Sie die Garnelen nach dem Braten mit etwas Currypulver bestreuen, ist der Geschmack noch intensiver.

Gebratene Mie-Nudeln mit Putenstreifen

Einfach

4 Portionen

Pro Portion: E: 28 g, F: 17 g, Kh: 55 g, kJ: 2032, kcal: 483, BE: 4,5

etwa 15 g	*getrocknete Mu-err-Pilze*
250 g	*Mie-Nudeln (asiatische Instant-Nudeln)*
300 g	*Putenbrustschnitzel*
1 EL	*Austernsauce*
1 TL	*China-Gewürzzubereitung*
1 TL	*gem. Kreuzkümmel (Cumin)*
1 TL	*Speisestärke*
250 g	*Möhren*
2 Stangen	*Porree (Lauch)*
6 EL	*Sojaöl*
2 EL	*Sojasauce*
1 EL	*Sambal Sauce (feurig-scharf) oder 1/2 TL Sambal Oelek*

Zubereitungszeit: 30 Minuten, ohne Einweichzeit

1. Mu-err-Pilze nach Packungsanleitung einweichen. Mie-Nudeln nach Packungsanleitung zubereiten, dann in ein Sieb geben und abtropfen lassen, nach Belieben mit einer Küchenschere in mundgerechte Stücke schneiden.

2. Die Putenschnitzel kurz unter fließendem kalten Wasser abspülen, trocken tupfen und in dünne Streifen schneiden. Die Fleischstreifen mit Austernsauce, China-Gewürzzubereitung, Kreuzkümmel und Speisestärke vermischen.

3. Möhren putzen, schälen, abspülen, abtropfen lassen und in dünne Scheiben schneiden. Porree putzen, die Stangen längs halbieren, gründlich waschen und abtropfen lassen. Porree in etwa 1 cm lange Stücke schneiden. Mu-err-Pilze abtropfen lassen, evtl. putzen. Mu-err-Pilze in Streifen schneiden.

4. Etwa die Hälfte des Sojaöls in einem Wok erhitzen. Die Nudeln darin kurz unter Rühren anbraten, herausnehmen und warm stellen. Restliches Sojaöl in dem Wok erhitzen. Die Fleischstreifen darin ebenfalls unter Rühren anbraten.

5. Möhrenscheiben hinzufügen und kurz mitbraten. Dann die Pilzstreifen und Porreestücke unterrühren und 1–2 Minuten mitgaren. Zum Schluss die Nudeln wieder in den Wok geben, kurz erwärmen, mit Sojasauce und Sambal Sauce oder Sambal Oelek abschmecken.

Gebratene Pangasiusfilets mit Erdnusssauce und asiatischen Gemüsenudeln

Raffiniert

2 Portionen

Pro Portion: E: 42 g, F: 19 g, Kh: 83 g, kJ: 2864, kcal: 685, BE: 6,5

2	*TK-Pangasiusfilets (je etwa 180 g)*
1/2 Stange	*Porree (Lauch)*
2	*junge Möhren*
4 Stangen	*grüner Spargel*
200 g	*Asianudeln oder schmale Bandnudeln*
	Salz
3 Stängel	*Koriander*
2 EL	*Sesamöl*
	gem. Pfeffer
2 EL	*Speiseöl, z. B. Sonnenblumenöl*
1 EL	*Butter*
2–3 EL	*Erdnusssauce (erhältlich im Asialaden)*

Zubereitungszeit: 35 Minuten, ohne Auftauzeit

1. Pangasiusfilets nach Packungsanleitung auftauen lassen.

2. Porree putzen, längs halbieren, gründlich waschen, gut abtropfen lassen und in breite Streifen schneiden. Die Möhren putzen, schälen, abspülen und abtropfen lassen. Möhren mit einem Sparschäler längs in dünne Streifen schneiden. Von dem Spargel das untere Drittel schälen und die unteren Enden abschneiden. Spargelstangen ebenfalls mit dem Sparschäler längs in dünne Streifen schneiden.

3. Nudeln in kochendem Salzwasser nach Packungsanleitung garen. Die Möhren- und Gemüsestreifen etwa 2 Minuten vor Ende der Garzeit zu den Nudeln geben und mitgaren lassen. Koriander abspülen und trocken tupfen. Die Blättchen von den Stängeln zupfen. Einige Blättchen zum Garnieren beiseitelegen.

4. Die Nudeln und Gemüsestreifen in einem Sieb abtropfen lassen und in eine Schüssel geben. Sesamöl und Korianderblättchen unterheben, mit Salz und Pfeffer abschmecken und warm stellen.

5. Pangasiusfilets kurz unter fließendem kalten Wasser abspülen und trocken tupfen. Sonnenblumenöl in einer Pfanne erhitzen. Die Pangasiusfilets mit Salz und Pfeffer würzen und in die Pfanne geben. Die Fischfilets von jeder Seite etwa 3 Minuten braten. Butter hinzufügen.

6. Pangasiusfilets mit den Gemüsenudeln, der Erdnusssauce (kalt) anrichten und mit den beiseitegelegten Korianderblättchen garniert servieren.

Tipp: Zusätzlich noch einige gehackte Erdnüsse in die Erdnusssauce geben.

Gebratener Reis mit Garnelen und Ei

Gut vorzubereiten

2–3 Portionen

Pro Portion: E: 37 g, F: 21 g, Kh: 47 g, kJ: 2212, kcal: 528, BE: 3,5

125 g	*Langkornreis*
1 kleine Stange	*Porree (Lauch)*
140 g	*abgetropfte Bambussprossen, in Streifen (aus dem Glas)*
3	*Eier (Größe M)*
2 EL	*Mineralwasser*
	Salz
3 EL	*Speiseöl, z. B. Sesamöl*
200 g	*Garnelen (entdarmt, ohne Kopf und Schale)*
	gem. Pfeffer
1–2 EL	*Sojasauce*
½ TL	*Sambal Oelek*
350 g	*abgetropfte Sojabohnensprossen (aus dem Glas)*
½ Bund	*Schnittlauch*

Zubereitungszeit: 25 Minuten

1. Reis nach Packungsanleitung zubereiten, dann in ein Sieb geben und abtropfen lassen.

2. Inzwischen den Porree putzen, die Stange längs halbieren, gründlich waschen und abtropfen lassen. Porree in Streifen schneiden. Bambussprossen in dünne Streifen schneiden.

3. Die Eier mit Mineralwasser und etwas Salz leicht verschlagen.

4. Einen Esslöffel von dem Speiseöl in einem Wok oder einer beschichteten Pfanne erhitzen. Die verschlagenen Eier hinzugeben. Sobald die Masse zu stocken beginnt, sie losrühren. So lange weitererhitzen, bis keine Flüssigkeit mehr vorhanden ist.

5. Das Rührei aus dem Wok oder der Pfanne nehmen und warm stellen.

6. Restliches Speiseöl in dem Wok oder der Pfanne erhitzen. Porreestreifen und Bambussprossen darin unter Rühren andünsten.

7. Reis und Garnelen hinzufügen und kräftig mitbraten. Die Reispfanne mit Salz, Pfeffer, Sojasauce und Sambal Oelek würzen. Sojabohnensprossen unterrühren.

8. Den Schnittlauch abspülen, trocken tupfen und in Röllchen schneiden. Den gebratenen Reis mit den Schnittlauchröllchen garnieren.

Tipp: Servieren Sie Krabbenchips (Kroepoek) dazu.

Gedämpfte Fischröllchen auf Thaispargel

(Zubereitung im Bambusdämpfer, Ø etwa 26 cm)

Etwas Besonderes

4 Portionen

Pro Portion: E: 30 g, F: 21 g, Kh: 28 g, kJ: 1751, kcal: 418, BE: 2,0

8	*getrocknete Reisteigblätter (Ø etwa 16 cm, erhältlich im Asialaden oder in Spezialitäten-abteilungen von Supermärkten)*
100 g	*Sojasprossen*
1/2 Bund	*Koriander*
8	*kleine Lachsstreifen (je etwa 60 g)*
	Salz
	gem. Pfeffer
4 EL	*Mango-Chutney (aus dem Glas)*
2 EL	*eingelegter Ingwer*
400 g	*Thaispargel*
1 EL	*Speiseöl, z. B. Sesamöl*
2	*Bio-Limetten (unbehandelt, ungewachst)*
2 EL	*geröstete Sesamsamen*

Zubereitungszeit: 30 Minuten
Dämpfzeit: etwa 15 Minuten

1. Reisteigblätter einzeln zwischen nassen Küchentüchern einweichen. Die Sojasprossen abspülen und in einem Sieb abtropfen lassen. Koriander abspülen und trocken tupfen. 4 Korianderstängel zum Garnieren beiseitelegen. Von den restlichen Korianderstängeln die Blättchen von den Stängeln zupfen.

2. Die Lachsstreifen kurz unter fließendem kalten Wasser abspülen, trocken tupfen, mit Salz und Pfeffer bestreuen. Die Lachsstreifen mit dem Mango-Chutney bestreichen.

3. Ingwer in einem Sieb abtropfen lassen, in kleine Stücke schneiden. Die Reisteigblätter auf feuchten Küchentüchern nebeneinander auf die Arbeitsfläche legen. Die Sojasprossen, Ingwerstücke und Korianderblättchen mittig darauf verteilen, mit jeweils 1 Lachsstreifen belegen und aufrollen.

4. Von dem Thaispargel die unteren Enden abschneiden. Spargel abspülen, abtropfen lassen, mit Salz bestreuen und mit Öl beträufeln.

5. Limetten heiß abwaschen, abtrocknen und die Schale mit einem Sparschäler abschälen. Limetten halbieren und auspressen.

6. Einen großen Zwei-Etagen-Bambusdämpfer (Ø etwa 26 cm) dünn mit Speiseöl ausstreichen. In den unteren Einsatz vorsichtig die Fischröllchen legen. Den Spargel in den anderen Einsatz legen und auf den Einsatz mit den Fischröllchen stellen. Dämpfer mit dem Deckel verschließen.

7. Eine ausreichend große Pfanne oder einen großen Wok etwa 3 cm hoch mit Wasser füllen. Limettensaft und -schalen hinzufügen und zum Kochen bringen. Den Bambusdämpfer vorsichtig in die Pfanne oder den Wok setzen. Die Röllchen und den Spargel etwa 15 Minuten dämpfen.

8. Die Fischröllchen auf dem Thaispargel anrichten und mit Sesam bestreut servieren.

Beilage: Duftreis mit Chilisauce.

Geflügelsaté, in Soja mariniert

Gut vorzubereiten

2 Portionen

Pro Portion: E: 46 g, F: 20 g, Kh: 5 g, kJ: 1593, kcal: 383, BE: 0,5

etwa 350 g Hähnchenbrustfilet
gem. Pfeffer
gem. Koriander
1 kleines Bund Bärlauch oder Schnittknoblauch
1 EL Sojasauce
1 EL Sesamöl

Für den Dip:

1 EL Erdnusscreme
2 EL Crème fraîche
Salz

1–2 EL Sesamöl

Außerdem:

4–6 Holzspieße

Zubereitungszeit: 30 Minuten, ohne Marinierzeit

1. Das Hähnchenbrustfilet kurz unter fließendem kalten Wasser abspülen und trocken tupfen. Filet in Würfel schneiden und auf die Holzspieße stecken. Die Spieße in eine flache Schale legen. Die Spieße rundherum mit Pfeffer und Koriander bestreuen.

2. Bärlauch oder Schnittknoblauch abspülen und gut trocken tupfen. Vom Bärlauch die Stiele abschneiden. Die Bärlauchblätter oder den Schnittknoblauch klein schneiden und auf den Spießen verteilen. Sojasauce und Sesamöl daraufträufeln. Die Spieße zugedeckt im Kühlschrank mindestens 15 Minuten marinieren, dabei die Spieße einmal wenden.

3. In der Zwischenzeit für den Dip Erdnusscreme mit Crème fraîche verrühren und mit Salz und Pfeffer abschmecken. Den Dip zugedeckt in den Kühlschrank stellen.

4. Sesamöl in einer Pfanne erhitzen. Marinierte Spieße hineinlegen und zugedeckt bei mittlerer Hitze etwa 10 Minuten garen.

5. Geflügelsaté auf Tellern anrichten, evtl. noch mit etwas Salz bestreuen. Den Dip dazureichen.

Tipp: Dazu schmeckt gemischter Salat oder Reis.

Geflügelstreifenpfanne mit rot-grünem Gemüse

Einfach

2 Portionen

Pro Portion: E: 56 g, F: 23 g, Kh: 32 g, kJ: 2348, kcal: 561, BE: 2,5

350 g	*Puten- oder Hähnchenschnitzel*
1 EL	*Fischsauce*
1 TL	*China-Gewürzzubereitung*
1 TL	*gem. Ingwer*
1 TL	*Speisestärke*
150 g	*Austern- oder Shiitakepilze*
250 g	*dünne, grüne Bohnen*
	Salz
1	*rote Paprikaschote*
200 g	*Zuckerschoten*
4 EL	*Sojaöl*
2 EL	*Sojasauce*
evtl.	*gem. Pfeffer*
1/2 TL	*Sambal Oelek*
100 g	*Sojasprossen*

Zubereitungszeit: 30 Minuten

1. Die Puten- oder Hähnchenschnitzel kurz unter fließendem kalten Wasser abspülen, trocken tupfen und in dünne Streifen schneiden.

2. Die Fleischstreifen mit Fischsauce, China-Gewürzzubereitung, Ingwer und Speisestärke vermischen.

3. Austern- oder Shiitakepilze putzen, evtl. kurz abspülen und gut abtropfen lassen. Von den Bohnen die Enden abschneiden, die Bohnen evtl. abfädeln, abspülen, abtropfen lassen und in Stücke schneiden.

4. Salzwasser zum Kochen bringen und die Bohnenstücke darin etwa 2 Minuten garen. Dann die Bohnenstücke in einem Sieb abtropfen lassen.

5. Paprikaschote halbieren, entstielen, entkernen und die weißen Scheidewände entfernen. Schote abspülen, abtropfen lassen und in feine Streifen schneiden. Von den Zuckerschoten die Enden abschneiden. Die Zuckerschoten abspülen und abtropfen lassen.

6. Einen Esslöffel vom Sojaöl in einem Wok erhitzen. Die Pilzstücke darin unter Rühren anbraten, dann aus dem Wok nehmen. 1 weiteren Esslöffel des Sojaöls im Wok erhitzen. Die Bohnenstücke in den Wok geben und unter Rühren 3–5 Minuten braten. Auch die Bohnenstücke wieder aus dem Wok nehmen.

7. Restliches Sojaöl im Wok erhitzen und die vorbereiteten Geflügelstreifen darin unter Rühren anbraten. Die Paprikastreifen und Zuckerschoten hinzufügen, kurz unter Rühren mitbraten. Pilze und Bohnen wieder in den Wok geben. Das Ganze mit Sojasauce, evtl. Salz und Pfeffer und Sambal Oelek abschmecken.

8. Die Sojasprossen abspülen, abtropfen lassen und zum Schluss unterrühren. Die Geflügelstreifenpfanne sofort servieren.

Tipp: Die Sojasprossen 1–2 Minuten in kochendem Salzwasser blanchieren, bevor sie diese unter die Geflügelpfanne rühren.

Gegrillte Riesengarnelen mit Avocadodip und Nuoc-Cham-Sauce

Etwas teurer

4 Portionen

Pro Portion: E: 30 g, F: 18 g, Kh: 12 g, kJ: 1402, kcal: 335, BE: 1,0

24 TK-Riesengarnelen (etwa 25 g pro Stück, entdarmt, ohne Kopf und Schale)
2 Knoblauchzehen
2 Frühlingszwiebeln
2 Bio-Limetten (unbehandelt, ungewachst)
2 EL Olivenöl
Salz, Zitronenpfeffer

Für die Nuoc-Cham-Sauce (pikante vietnamesische Würzsauce):

2 Knoblauchzehen
1 rote Chilischote
1 EL Zucker
1 Bio-Limette (unbehandelt, ungewachst)
125 ml (1/8 l) Wasser
1 EL Fischsauce

Für den Avocadodip:

2 reife Avocados
Saft von
1 Limette
gem. Pfeffer, Cayennepfeffer

Außerdem:

Schaschlikspieße

Zubereitungszeit: 60 Minuten, ohne Auftauzeit

1. Garnelen nach Packungsanleitung auftauen lassen. Garnelen unter fließendem kalten Wasser abspülen und trocken tupfen.

2. Knoblauch abziehen und fein hacken. Frühlingszwiebeln putzen, abspülen, abtropfen lassen und in feine Scheiben schneiden. Limetten heiß abwaschen, abtrocknen und die Schale abreiben. Limetten halbieren und auspressen.

3. Limettensaft mit Knoblauch, Frühlingszwiebelscheiben und Limettenschale mischen. Olivenöl unterschlagen. Marinade mit Salz und Zitronenpfeffer würzen. Garnelen in eine flache Schale legen, die Marinade daraufgeben, zugedeckt in den Kühlschrank stellen.

4. Für die Nuoc-Cham-Sauce inzwischen Knoblauch abziehen und grob hacken. Chili halbieren, entstielen, entkernen, abspülen, trocken tupfen und grob hacken. Knoblauch und Chili mit Zucker im Mörser zu einer Paste verarbeiten. Limette heiß abwaschen, abtrocknen und die Schale abreiben. Limette halbieren, den Saft auspressen. Limettensaft und -schale mit Wasser und Fischsauce verrühren, unter die Paste rühren.

5. Für den Avocadodip Avocados halbieren und jeweils den Stein herauslösen. Das Fruchtfleisch mit einem Löffel aus den Schalen heben, in eine Schüssel geben und mit einer Gabel zerdrücken. Avocadomus sofort mit Limettensaft beträufeln. Den Dip mit Salz, Pfeffer und Cayennepfeffer abschmecken.

6. Die Garnelen aus der Marinade nehmen und auf Schaschlikspieße stecken. Garnelenspieße auf den heißen Grillrost legen und unter mehrmaligem Wenden 4–5 Minuten grillen. Garnelen mit Salz und Pfeffer würzen und mit der Sauce und dem Dip servieren.

Gegrilltes Tilapiafilet, in Curry mariniert

Scharf – für den Grill

4 Portionen

Pro Portion: E: 26 g, F: 5 g, Kh: 5 g, kJ: 731, kcal: 175, BE: 0,0

1 große, rote Chilischote
2 Knoblauchzehen
4 EL Limettenöl
2 EL Zitronen-Currypulver (erhältlich im Asialaden)

Für den asiatischen Gurkensalat:

750 g Salatgurke
1 EL Fischsauce
2 EL Sojasauce
½ TL Zucker
einige Minze- oder Korianderblättchen

4 Tilapiafilets (je etwa 150 g)

Zubereitungszeit: 30 Minuten

1. Chilischote entstielen, entkernen, abspülen und trocken tupfen. Chilischote in kleine Ringe schneiden. ½ Teelöffel davon für den asiatischen Gurkensalat beiseitelegen. Knoblauch abziehen und fein hacken.

2. Limettenöl mit Zitronen-Currypulver verrühren. Chili und Knoblauch unterrühren.

3. Für den asiatischen Gurkensalat die Gurke abspülen, abtrocknen oder schälen und die Enden abschneiden. Die Gurke in Scheiben hobeln. Fischsauce mit Sojasauce verrühren, mit Zucker abschmecken, beiseitegelegte Chiliringe unterrühren.

4. Minze- oder Korianderblättchen abspülen, trocken tupfen und unter die Salatmarinade rühren. Die Salatmarinade mit den Gurkenscheiben mischen.

5. Die Tilapiafilets unter fließendem kalten Wasser abspülen und trocken tupfen. Die Filets gleichmäßig von beiden Seiten mit der Marinade bestreichen und in eine Alu-Grillschale legen.

6. Tilapiafilets bei nicht zu starker Hitze von beiden Seiten in etwa 3 Minuten fertig grillen. Vorsicht, die Marinade brennt schnell an!

Tipp: Sie können die Tilapiafilets auch in einer Pfanne braten. Dazu etwas Speiseöl in einer beschichteten Pfanne erhitzen, die Filets darin von beiden Seiten braten.

Gelbe Linsensuppe mit Curry

Vegetarisch

4 Portionen

Pro Portion: E: 27 g, F: 9 g, Kh: 68 g, kJ: 2010, kcal: 476, BE: 5,5

1	*Zwiebel*
30 g	*Butter*
2	*Knoblauchzehen*
1 EL	*Currypulver*
½ TL	*Paprikapulver edelsüß*
¼ TL	*gem. Kreuzkümmel (Cumin)*
½ gestr. TL	*gem. Pfeffer*
4 EL	*Tomatenmark*
750 ml (¾ l)	*Gemüsebrühe*
400 g	*gelbe Linsen*
3 EL	*Rosinen*
4–5 Stängel	*glatte Petersilie*
1 gestr. TL	*Salz*

Zubereitungszeit: 20 Minuten
Garzeit: etwa 20 Minuten

1. Zwiebel abziehen und in kleine Würfel schneiden. Butter in einem Topf zerlassen und die Zwiebelwürfel darin andünsten. Knoblauch abziehen, zerdrücken und dazugeben.

2. Curry, Paprika, Kreuzkümmel, Pfeffer und Tomatenmark hinzufügen, unterrühren und kurz anschwitzen. Gemüsebrühe hinzugießen. Die Linsen einrühren, das Ganze kurz aufkochen lassen. Linsen bei schwacher Hitze (nach Packungsanleitung) in etwa 20 Minuten bei geringer Hitze gar kochen.

3. Die Rosinen unterrühren. Die Petersilie abspülen, trocken tupfen und die Blättchen von den Stängeln zupfen. Die Blättchen grob hacken. Die Suppe mit Salz und den Gewürzen abschmecken, mit Petersilie bestreut servieren.

Gelbes Rindfleischcurry

Einfach – beliebt

4 Portionen

Pro Portion: E: 29 g, F: 23 g, Kh: 4 g, kJ: 1405, kcal: 338, BE: 0,5

500 g	*Rinderfilet oder Rumpsteak (ohne Fettrand)*
1	*grüne Chilischote*
1 kleines Bund	*Basilikum*
400 ml	*Kokosmilch*
2 TL	*gelbe Currypaste*
2 TL	*Kurkuma (Gelbwurz)*
100 g	*abgetropfte Bambussprossen, in Streifen (aus dem Glas)*
etwas	*Zucker*
	Salz

Zubereitungszeit: 20 Minuten
Garzeit: 8–10 Minuten

1. Das Rinderfilet oder Rumpsteak mit Küchenpapier trocken tupfen und in sehr feine, dünne Streifen schneiden.

2. Chilischote halbieren, entstielen, entkernen, abspülen, abtrocknen und schräg in Streifen schneiden.

3. Basilikum abspülen und trocken tupfen. Die Blättchen von den Stängeln zupfen.

4. Kokosmilch in einer Pfanne erhitzen. Currypaste und Kurkuma unterrühren.

5. Die Fleischstreifen, zwei Drittel der Basilikumblättchen, die Chilistreifen, Bambussprossen und etwas Zucker hinzufügen. Zum Kochen bringen, 8–10 Minuten leicht kochen lassen.

6. Rindfleischcurry vor dem Servieren mit Salz würzen und mit den restlichen Basilikumblättchen bestreuen.

Beilage: Reis oder Couscous.

Gemüseeintopf mit Kokos und Curry

Vegetarisch

2 Portionen

Pro Portion: E: 11 g, F: 40 g, Kh: 16 g, kJ: 1952, kcal: 470, BE: 0,5

½ Stange	*Porree (Lauch)*
1	*Möhre*
100 g	*Zuckerschoten*
½	*rote Paprikaschote*
1 Stange	*Staudensellerie*
2 EL	*Speiseöl, z. B. Sonnenblumenöl*
1 EL	*Currypulver*
500 ml (½ l)	*Gemüsebrühe*
250 ml (¼ l)	*Kokosmilch*
	Salz
¼ TL	*Chiliflocken*
50 g	*Sojasprossen*
4 Stängel	*Thai-Basilikum oder Koriander*
2 EL	*geröstete, gesalzene Erdnüsse*

Zubereitungszeit: 30 Minuten
Garzeit: etwa 10 Minuten

1. Porreehälfte putzen, gründlich waschen und abtropfen lassen. Porree in feine Streifen schneiden.

2. Möhre putzen, schälen, abspülen, abtropfen lassen und in dünne Scheiben schneiden. Die Zuckerschoten abspülen, abtropfen lassen und evtl. halbieren.

3. Paprikahälfte entstielen, entkernen und die weißen Scheidewände entfernen. Schotenhälfte abspülen, abtropfen lassen und in kleine Würfel schneiden.

4. Staudensellerie putzen und die harten Außenfäden abziehen. Sellerie abspülen und abtropfen lassen. Den Sellerie ebenfalls in kleine Würfel schneiden.

5. Speiseöl in einem Topf erhitzen. Das vorbereitete Gemüse darin unter Rühren andünsten. Mit Curry bestreuen und unterrühren. Gemüsebrühe und Kokosmilch unterrühren. Die Zutaten zum Kochen bringen und mit etwas Salz würzen.

6. Den Eintopf zugedeckt etwa 10 Minuten bei mittlerer Hitze kochen. Den Eintopf mit Salz und Chili abschmecken.

7. Sojasprossen in ein Sieb geben, kurz abspülen und abtropfen lassen. Sojasprossen in den Eintopf geben und kurz miterwärmen.

8. Kräuter abspülen und trocken tupfen. Die Blättchen von den Stängeln zupfen. Den Gemüseeintopf evtl. nochmals mit den Gewürzen abschmecken, mit Erdnüssen und Kräuterblättchen garnieren und servieren.

Gemüsesuppe mit Glasnudeln und Bambussprossen

Raffiniert

2–3 Portionen

Pro Portion: E: 8 g, F: 8 g, Kh: 36 g, kJ: 1047, kcal: 250, BE: 2,5

1	*Zwiebel*
10 g	*Ingwer*
400 g	*Möhren*
1 Stange	*Porree (Lauch, etwa 200 g)*
1	*rote Paprikaschote (etwa 200 g)*
1/2	*Sellerieknolle (etwa 200 g)*
300 g	*Chinakohl*
50 g	*Glasnudeln*
1–2 EL	*Speiseöl*
750 ml (3/4 l)	*Gemüsebrühe*
100 g	*abgetropfte Bambussprossen (aus dem Glas)*
2–3 TL	*Sojasauce*
	Salz
	gem. Pfeffer
1/2 TL	*China-Gewürzzubereitung*

Zubereitungszeit: 40 Minuten

1. Zwiebel abziehen und würfeln. Ingwer schälen und fein würfeln. Die Möhren schälen, putzen, abspülen, abtropfen lassen und dann schräg in dünne Scheiben schneiden. Porree putzen, die Stange längs halbieren, gründlich waschen und abtropfen lassen. Den Porree in feine Streifen schneiden. Paprikaschote halbieren, entstielen, entkernen und die weißen Scheidewände entfernen. Schote abspülen, abtropfen lassen und in schmale Streifen schneiden.

2. Sellerie putzen, schälen, abspülen, abtropfen lassen und in Rauten schneiden. Dafür den Sellerie zuerst in dünne Scheiben schneiden, dann jede Scheibe schräg und längs in etwa 1 1/2 cm breite Stücke schneiden.

3. Chinakohl putzen, abspülen, abtropfen lassen und in schmale Streifen schneiden.

4. Die Glasnudeln nach Packungsanleitung zubereiten und in mundgerechte Stücke schneiden.

5. Speiseöl in einem Topf erhitzen. Zwiebel- und Ingwerwürfel darin andünsten. Möhrenscheiben, Porree-, Paprikastreifen und Sellerierauten hinzufügen und mit andünsten. Die Brühe hinzugießen. Die Zutaten zum Kochen bringen und zugedeckt etwa 5 Minuten garen.

6. Chinakohlstreifen und Sprossen zur Suppe geben und alles weitere 3–5 Minuten garen, dabei gelegentlich umrühren. Die Glasnudeln unterrühren. Die Suppe vor dem Servieren mit Sojasauce, Salz, Pfeffer und China-Gewürzzubereitung abschmecken.

Tipps: Etwas schärfer wird die Gemüsesuppe mit einer in dünne Ringe geschnittenen roten oder grünen Chilischote, die ebenfalls kurz vor Ende der Garzeit dazugegeben wird. In der chinesischen Küche wird oftmals das Gemüse besonders geschnitten (ganz feine Streifen, Rauten, o. ä.). Wer dafür keine Zeit und Muße hat, schneidet für dieses Rezept das Gemüse gewöhnlich in mundgerechte Stücke, evtl. dann die Garzeit um etwa 2 Minuten verlängern.

Gemüse-Tempura

Vegetarisch

4 Portionen

Pro Portion: E: 10 g, F: 28 g, Kh: 40 g, kJ: 1872, kcal: 447, BE: 3,0

100 g Chinakohlblätter
250 g Hokkaido-Kürbis
Salz
175 g Zucchini
2 grüne Paprikaschoten

Für den Dip:

20 g Ingwer
2 Stängel Koriander
1–2 EL Sojasauce
1 EL dunkles Sesamöl

Für den Tempura-Teig:

200 g Weizenmehl
50 g Speisestärke
425 ml eiskaltes Mineralwasser mit Kohlensäure
2 EL Sesamsamen
1 EL Chiliflocken

etwa 1 l Speiseöl, z. B. Sonnenblumenöl

Zubereitungszeit: 45 Minuten

1. Chinakohlblätter abspülen, trocken tupfen und in etwa 6 x 4 cm große Stücke schneiden. Kürbis abspülen, abtrocknen und halbieren. Kerne und faserigen Innenteil entfernen. Kürbis in feine, etwa 1 cm breite Spalten schneiden, evtl. schälen. Die Spalten mit Salz einreiben.

2. Zucchini abspülen, trocken tupfen und die Enden abschneiden. Die Zucchini längs halbieren und in rechteckige Stücke schneiden (etwa 1 x 5 cm). Die Paprikaschoten halbieren, entstielen, entkernen und die weißen Scheidewände entfernen. Schoten abspülen, abtropfen lassen und der Länge nach sechsteln.

3. Für den Dip Ingwer schälen und sehr fein würfeln. Koriander abspülen, trocken tupfen und die Blättchen von den Stängeln zupfen. Die Blättchen fein schneiden. Ingwer mit Sojasauce und Sesamöl mischen. Den Koriander unterrühren.

4. Für den Tempura-Teig Mehl mit Stärke und Mineralwasser in einer Rührschüssel mit einem Schneebesen kräftig verrühren. Die Sesamsamen und Chiliflocken unterrühren.

5. Das Sonnenblumenöl in einem tiefen Topf auf etwa 175 °C erhitzen. Für die richtige Frittiertemperatur des Öls einen Holzlöffelstiel in das Fett halten. Bilden sich Bläschen um den Holzlöffelstiel, ist die richtige Temperatur erreicht.

6. Gemüsestücke mithilfe einer Gabel in den Tempura-Teig tauchen, kurz abtropfen lassen und portionsweise schwimmend in dem heißen Öl etwa 3 Minuten ausbacken. Die Gemüsestücke dann mit einer Schaumkelle herausnehmen und kurz auf Küchenpapier abtropfen lassen. Die Gemüse-Tempura noch heiß mit dem Dip servieren.

Geschmortes Schweinefleisch mit Möhren

Mit Alkohol

4 Portionen

Pro Portion: E: 25 g, F: 27 g, Kh: 12 g, kJ: 1671, kcal: 398, BE: 1,0

500 g	*Schweinenacken (ohne Knochen)*
200 g	*Möhren*
20 g	*Ingwer*
500 ml (1/2 l)	*Speiseöl, z. B. Sonnenblumenöl*
3 EL	*Speiseöl, z. B. Sesamöl*
1 TL	*Speisestärke*
80 ml	*Sojasauce*
125 ml (1/8 l)	*Pflaumenwein*
20 g	*brauner Kandiszucker*
500 ml (1/2 l)	*heiße Fleischbrühe*
1 gestr. TL	*Salz*

Zubereitungszeit: 35 Minuten
Garzeit: etwa 30 Minuten

1. Den Schweinenacken kurz unter fließendem kalten Wasser abspülen, mit Küchenpapier trocken tupfen und in etwa 2 cm große Würfel schneiden.

2. Die Möhren putzen, schälen, abspülen, abtropfen lassen und in kleine Würfel schneiden. Ingwer schälen und in Scheiben schneiden.

3. Das Speiseöl in einem Wok auf etwa 175 °C erhitzen. Die Fleischwürfel vorsichtig hineingeben und darin etwa 2 Minuten frittieren (Fleischwürfel zwischendurch wenden). Die Fleischwürfel mit einer Schaumkelle herausnehmen und auf Küchenpapier abtropfen lassen. Das verbliebene, restliche Speiseöl aus dem Wok gießen.

4. Das Sesamöl in dem Wok erhitzen. Ingwerscheiben darin anbraten. Die Fleischwürfel portionsweise hinzugeben, Speisestärke daraufgeben, unterrühren und alles etwa 2 Minuten unter Rühren anbraten.

5. Die Sojasauce hinzugießen. Die Möhrenwürfel unterrühren und alles etwa 2 Minuten zugedeckt kurz schmoren. Den Pflaumenwein, Kandiszucker und die Fleischbrühe hinzufügen. Das Ganze zugedeckt etwa 30 Minuten köcheln lassen.

6. Das geschmorte Schweinefleisch mit Möhren mit Salz abschmecken und heiß servieren.

Tipp: Nach Belieben das Gericht mit Petersilienblättchen und geriffelten Möhrenscheiben garnieren.

Gestreifter Gurken-Mango-Salat

Fruchtig – erfrischend

4 Portionen

Pro Portion: E: 7 g, F: 11 g, Kh: 30 g, kJ: 1036, kcal: 248, BE: 2,5

Für die Sauce:

½	*rote Chilischote*
2	*Knoblauchzehen*
6 EL	*Limettensaft*
3 EL	*brauner Zucker*
1 EL	*Ketjap Manis (indonesische Sojasauce)*
2 EL	*Fischsauce*
1–2	*Mangos (etwa 500 g, möglichst festes Fruchtfleisch)*
450 g	*Salatgurke*
2	*Sternfrüchte (Karambole)*
75 g	*geröstete, gesalzene Erdnüsse*
8 Stängel	*Koriander*

Zubereitungszeit: 30 Minuten

1. Chilischotenhälfte evtl. entstielen und evtl. entkernen, abspülen, abtropfen lassen und in feine Ringe schneiden. Knoblauch abziehen und fein hacken. Den Limettensaft mit Zucker, Ketjap Manis und Fischsauce verrühren, Chili und Knoblauch unterrühren.

2. Die Mangos halbieren. Das Fruchtfleisch vom Stein schneiden und schälen. Gurke schälen und die Enden abschneiden. Gurke längs halbieren und die Kerne herausschaben. Sternfrüchte abspülen und trocken tupfen. Gurke, Mango und Sternfrüchte in feine Streifen schneiden.

3. Die Erdnüsse grob hacken. Koriander abspülen, trocken tupfen und die Blättchen von den Stängeln zupfen. Die Blättchen grob hacken.

4. Die Gurken-, Mango- und Sternfrüchtestreifen mit der Sauce mischen. Den Salat mit den Erdnusskernen und dem Koriander bestreut servieren.

Tipp: Wenn Sie keine Sternfrüchte bekommen, können Sie stattdessen auch 1–2 Äpfel (z. B. Granny Smith) nehmen.

Glasnudelsalat mit geröstetem Hackfleisch und Limettensauce

Gut vorzubereiten

4 Portionen

Pro Portion: E: 28 g, F: 23 g, Kh: 54 g, kJ: 2280, kcal: 542, BE: 4,0

1	*rote Chilischote*
1	*Knoblauchzehe*
½ Bund	*Koriander*
1 EL	*Speiseöl, z. B. Maiskeimöl*
500 g	*Gehacktes (halb Rind-, halb Schweinefleisch)*
	Salz
1–2 EL	*Sojasauce*
1 EL	*Fischsauce*
	Zucker
200 g	*Glasnudeln*
1 EL	*Sojasauce*
200 g	*Zuckerschoten*
1 Bund	*Frühlingszwiebeln*

Für die Limettenmarinade:

½	*rote Chilischote*
40 ml	*Limettensaft*
einige	*Römersalatblätter*

Zubereitungszeit: 45 Minuten, ohne Abkühlzeit

1. Chilischote abspülen, trocken tupfen und klein schneiden. Knoblauch abziehen und ebenfalls klein schneiden. Koriander abspülen und trocken tupfen. Die Blättchen von den Stängeln zupfen und für die Marinade beiseitelegen. Die Korianderstängel klein hacken.

2. Das Speiseöl in einer großen Pfanne erhitzen. Das Gehackte hineingeben, mit Salz, Soja-, Fischsauce, Chilischote, Knoblauch und 1 Prise Zucker würzen. Zutaten bei starker Hitze unter Rühren kräftig braun anbraten. Dabei die Fleischklümpchen mit einer Gabel zerdrücken. Korianderstängel unterrühren. Das gebratene Gehackte in eine Schüssel geben und erkalten lassen.

3. Die Glasnudeln nach Packungsanleitung zubereiten, anschließend mit einer Küchenschere in Stücke schneiden. Die Glasnudeln mit Salz und Sojasauce abschmecken und zum Gehackten in die Schüssel geben.

4. Von den Zuckerschoten die Enden abschneiden. Zuckerschoten abspülen, abtropfen lassen und in feine Streifen schneiden. Frühlingszwiebeln putzen, abspülen, abtropfen lassen, in feine Scheiben schneiden. Zuckerschotenstreifen und Frühlingszwiebelscheiben zu den Glasnudeln geben und vorsichtig unterheben.

5. Für die Marinade die Chilischotenhälfte entstielen, entkernen, abspülen, trocken tupfen und fein hacken. Chili mit ½ Teelöffel Salz und 1 Prise Zucker unter den Limettensaft rühren. Die beiseitegelegten Korianderblätter grob zerzupfen.

6. Die Limettenmarinade kurz vor dem Servieren auf dem Salat verteilen und gut untermischen. Römersalatblätter abspülen und abtropfen lassen. Den Salat auf den Römersalatblättern anrichten, mit Korianderblättchen bestreuen und sofort servieren.

Tipp: Statt der Limettenmarinade können Sie Limettenviertel zum Selbstauspressen dazureichen.

Hähnchenbrust, indisch

Einfach lecker

4 Portionen

Pro Portion: E: 52 g, F: 13 g, Kh: 39 g, kJ: 2018, kcal: 483, BE: 3,0

480 g abgetropfte Kichererbsen (aus der Dose)
4 Hähnchenbrustfilets (je 150–175 g)
Salz
gem. Pfeffer

Für die Gewürzpaste:
8 TL Sesamöl
2 TL Currypulver, mild
2 Msp. gem. Kreuzkümmel (Cumin)
2 Msp. gem. Kardamom
3 TL fein gewürfelter Ingwer

1–2 EL Sonnenblumenöl
250 g Zucchini
etwa 5 EL Kichererbsenflüssigkeit (aus der Dose)
1–2 Mangos (etwa 300 g Mangofruchtfleisch)
250 g Joghurt (3,5 % Fett)
2 TL Speisestärke
2 TL Currypulver, mild
1–2 EL gehackte, glatte Petersilie oder Korianderblättchen

Zubereitungszeit: 35 Minuten
Garzeit: etwa 25 Minuten

1. Die Kichererbsen in einem Sieb abtropfen lassen, die Flüssigkeit dabei auffangen und etwa 5 Esslöffel davon abmessen.

2. Hähnchenbrustfilets kurz unter fließendem kalten Wasser abspülen, mit Küchenpapier trocken tupfen, mit Salz und Pfeffer bestreuen.

3. Für die Gewürzpaste Sesamöl mit Curry, Cumin, Kardamom und Ingwer verrühren. Hähnchenbrustfilets jeweils auf einer Seite mit etwa zwei Dritteln der Paste bestreichen.

4. Das Sonnenblumenöl in einer Pfanne erhitzen. Die Hähnchenbrustfilets mit der unbestrichenen Seite hineinlegen und gut anbraten. Dann die Hitze reduzieren. Die Filets umdrehen und die mit der Gewürzpaste bestrichene Filetseite bei schwacher Hitze vorsichtig anbraten, damit die Gewürze nicht verbrennen. Dann die Hähnchenbrustfilets unter gelegentlichen Wenden braten.

5. In der Zwischenzeit Zucchini abspülen, abtrocknen und die Enden abschneiden. Zucchini vierteln und in etwa ½ cm dicke Scheiben schneiden.

6. Die restliche Gewürzpaste vorsichtig in einem Topf erhitzen. Die Kichererbsen mit 2 Esslöffeln der abgemessenen Kichererbsenflüssigkeit hinzufügen und unter gelegentlichem Rühren 3–4 Minuten darin andünsten.

7. Die Zucchinischeiben mit der restlichen abgemessenen Flüssigkeit zu den Kichererbsen in den Topf geben und weitere 3–4 Minuten unter gelegentlichem Rühren mitdünsten.

8. Mangos halbieren. Das Fruchtfleisch vom Stein schneiden und schälen. Fruchtfleisch in feine Würfel schneiden. Joghurt mit Speisestärke und Curry verrühren, unter das Gemüse rühren. Die Zutaten kurz aufkochen lassen. Die Mangowürfel unterheben und miterhitzen.

9. Die Hähnchenbrustfilets auf dem Kichererbsen-Zucchini-Gemüse anrichten und mit Petersilien- oder Korianderblättchen bestreut servieren.

Beilage: Basmatireis.

Hähnchenspieße mit selbst gemachter Erdnusssauce

Beliebt

4 Portionen

Pro Portion: E: 57 g, F: 27 g, Kh: 47 g, kJ: 2781, kcal: 666, BE: 4,0

Für die Spieße:

4 Hähnchenbrustfilets (je etwa 180 g)
2 TL süßer Senf
1 TL gem. Ingwer
gem. Pfeffer

Für die Sauce:

100 g geröstete, ungesalzene Erdnüsse
200 ml ungesüßte Kokosmilch
1 TL rote Currypaste
1 Prise Zucker

250 g Couscous
3 EL Speiseöl, z. B. Sonnenblumenöl
Salz
1–2 EL Zitronensaft

Außerdem:

8 Holzspieße (Schaschlikspieße)

Zubereitungszeit: 30 Minuten

1. Hähnchenbrustfilets kurz unter fließendem kalten Wasser abspülen, mit Küchenpapier trocken tupfen und in etwa 1 cm dünne Streifen schneiden. Fleischstreifen mit Senf bestreichen, mit Ingwer und Pfeffer würzen. Die Fleischstreifen wellenförmig auf die Holzspieße stecken. Die Spieße zugedeckt in den Kühlschrank stellen.

2. Für die Sauce in der Zwischenzeit die Erdnüsse im Zerkleinerer fein mahlen oder sehr fein hacken. Kokosmilch mit den gemahlenen oder fein gehackten Erdnüssen, der Currypaste und dem Zucker in einem Topf verrühren und aufkochen lassen, dabei gelegentlich umrühren. Die Erdnusssauce warm halten.

3. Couscous nach Packungsanleitung zubereiten. Das Sonnenblumenöl in einer großen Pfanne erhitzen. Die Spieße mit Salz bestreuen und in der Pfanne von allen Seiten goldbraun braten.

4. Die Spieße aus der Pfanne nehmen und mit Zitronensaft beträufeln. Couscous in 4 Tellern verteilen, jeweils 2 Spieße darauf anrichten und mit der Erdnusssauce servieren.

Tipps: Statt Couscous schmeckt auch Bulgur oder Basmatireis dazu sehr gut. Die Holzspieße evtl. vorher in kaltem Wasser einweichen, damit sie aufquellen und nicht splittern. Wenn Sie das Fleisch in ganz dünne Streifen schneiden wollen, das Fleisch vorher 1–1 ½ Stunden ins Gefrierfach legen.

Hähnchenstücke, in Soja und Mango mariniert

Gut vorzubereiten

4 Portionen

Pro Portion: E: 64 g, F: 6 g, Kh: 3 g, kJ: 1354, kcal: 324, BE: 0,5

6 Hähnchenbrustfilets (je etwa 180 g)

Für die Marinade:

75 g Mango-Chutney (aus dem Glas)
3 EL Nuss- oder Sesamöl
1–2 EL Sojasauce
etwa 6 Stängel Koriander oder 1 gestr. TL gem. Koriander

Zum Bestreuen:

gem. Pfeffer

Zubereitungszeit: 15 Minuten, ohne Marinierzeit
Grillzeit: etwa 10 Minuten

1. Die Hähnchenbrustfilets unter fließendem kalten Wasser abspülen und mit Küchenpapier gut trocken tupfen. Die Hähnchenbrustfilets mit einem scharfen Messer in 3 etwa gleich große Stücke schneiden. Das Hähnchenfleisch in eine flache Schale legen.

2. Für die Marinade Mango-Chutney, Nuss- oder Sesamöl und Sojasauce gut verrühren. Den Koriander abspülen, trocken tupfen und die Blättchen von den Stängeln zupfen. Einige Blättchen zum Garnieren beiseitelegen. Restliche Blättchen fein hacken und unter die Marinade rühren.

3. Hähnchenfleisch mit Pfeffer bestreuen. Marinade darauf verteilen. Die Hähnchenstücke zugedeckt im Kühlschrank über Nacht marinieren.

4. Das Hähnchenfleisch auf den heißen Grillrost legen und unter gelegentlichem Wenden etwa 10 Minuten grillen. Oder die Hähnchenstücke in einer mit etwas Speiseöl ausgestrichenen Grillpfanne etwa 10 Minuten unter Wenden braten.

Beilage: Servieren Sie einen **Gurkensalat in Joghurt-Minze-Sauce** dazu. Dafür 2 Salatgurken schälen und die Enden abschneiden. Die Gurken längs halbieren und entkernen. Die Gurkenhälften in Scheiben schneiden, mit Salz, Pfeffer und etwas Zucker würzen. 200 g Joghurt unterheben. ½–1 Bund Minze abspülen, trocken tupfen und die Blättchen von den Stängeln zupfen. Die Blättchen fein hacken und zum Salat geben. Den Salat zugedeckt im Kühlschrank etwa 1 Stunde durchziehen lassen.

Hühnersuppe „Peking“

Einfach

4 Portionen

Pro Portion: E: 22 g, F: 6 g, Kh: 27 g, kJ: 1050, kcal: 250, BE: 2,0

1 Stange	*Porree (Lauch)*
2	*Möhren*
200 g	*Chinakohl*
1	*Zwiebel*
100 g	*Champignons*
2 EL	*Speiseöl, z. B. Sesamöl*
1 l	*Hühnerbrühe*
300 g	*Hähnchenbrustfilet*
100 g	*Glasnudeln*
	Salz, gem. Pfeffer
2 EL	*Sojasauce*
evtl.	*China-Gewürzzubereitung*

Zubereitungszeit: 40 Minuten

1. Porree putzen, die Stange längs halbieren, gründlich waschen und abtropfen lassen. Porree in dünne Streifen schneiden.

2. Möhren putzen, schälen, abspülen, abtropfen lassen und in dünne Scheiben schneiden. Chinakohl putzen, abspülen, abtropfen lassen und in feine Streifen schneiden.

3. Zwiebel abziehen und in feine Würfel schneiden. Die Champignons putzen und in dünne Scheiben schneiden.

4. Das Speiseöl in einem Topf erhitzen. Das Gemüse darin unter Rühren kurz andünsten. Die Brühe hinzugießen und zum Kochen bringen.

5. Hähnchenbrustfilet kurz unter fließendem kalten Wasser abspülen und mit Küchenpapier trocken tupfen. Filet in kleine Stücke schneiden und in den Topf geben. Die Hähnchenstücke bei schwacher Hitze etwa 10 Minuten gar ziehen lassen.

6. Inzwischen die Glasnudeln nach Packungsanleitung zubereiten, abtropfen lassen und mit einer Küchenschere in mundgerechte Stücke schneiden. Die Glasnudeln in die Suppe geben.

7. Die Suppe mit Salz, Pfeffer, Sojasauce und evtl. China-Gewürzzubereitung abschmecken und servieren.

Tipp: Sie können zusätzlich eingeweichte chinesische Trockenpilze (z. B. etwa 15 g getrocknete Mu-err-Pilze) in der Suppe mitgaren.

Indische Hühnersuppe

Einfach

4 Portionen

Pro Portion: E: 22 g, F: 11 g, Kh: 27 g, kJ: 1248, kcal: 298, BE: 2,0

2	*Zwiebeln*
1 kleine Stange	*Porree (Lauch)*
3 EL	*Speiseöl*
2 EL	*Weizenmehl*
750 ml (3/4 l)	*Hühnerbrühe*
1	*kleiner Apfel*
75 g	*Langkornreis*
1 EL	*Currypulver*
300 g	*Hähnchenbrustfilet*
2–3 EL	*Schlagsahne*
	Salz
	gem. Pfeffer
	Zitronensaft

Zubereitungszeit: 25 Minuten
Garzeit: etwa 20 Minuten

1. Zwiebeln abziehen und klein würfeln. Porree putzen. Die Stange längs halbieren, gründlich waschen, abtropfen lassen und in Streifen schneiden.

2. Speiseöl in einem Wok erhitzen. Die Zwiebelwürfel darin andünsten. Porreestreifen hinzugeben und unter Rühren etwa 2 Minuten mit andünsten. Mehl darüberstäuben und andünsten. Brühe nach und nach unter Rühren hinzugießen. Dabei darauf achten, dass sich keine Klümpchen bilden.

3. Apfel schälen und bis zum Kerngehäuse raspeln. Reis, Apfelraspel und Curry in die Brühe geben, kurz aufkochen lassen. Die Suppe etwa 10 Minuten bei schwacher Hitze kochen lassen.

4. Hähnchenbrustfilet unter fließendem kalten Wasser abspülen und mit Küchenpapier trocken tupfen. Filet klein schneiden und in die köchelnde Suppe geben. Suppe weitere etwa 10 Minuten bei schwacher Hitze köcheln und die Hähnchenstücke gar ziehen lassen.

5. Die Sahne unterrühren. Die Suppe mit Salz, Pfeffer und Zitronensaft abschmecken.

Indisches Currygemüse mit Reis

Vegetarisch
4 Portionen

Pro Portion: E: 13 g, F: 27 g, Kh: 82 g, kJ: 2633, kcal: 629, BE: 6,5

250 g Langkornreis
500 ml (1/2 l) Gemüsebrühe

Für die Currysauce:

1 Zwiebel
1 Apfel
2 EL Sonnenblumenöl oder Ghee (geklärte Butter)
1 gestr. EL Currypulver
1 gestr. EL Weizenmehl
125 g Schlagsahne
100 ml Gemüsebrühe
1 Mango
Salz
gem. Pfeffer

Für das Gemüse:

2 Möhren
150 g Zuckerschoten
4 EL Sonnenblumenöl oder Ghee (geklärte Butter)
230 g abgetropfte Bambussprossen, in Streifen (aus dem Glas)
230 g abgetropfte Sojabohnensprossen, (aus dem Glas)

100 g Mango-Chutney (aus dem Glas)

Zubereitungszeit: 45 Minuten

1. Reis mit Gemüsebrühe in einem Topf zum Kochen bringen. Den Reis zugedeckt bei schwacher Hitze 15–20 Minuten (nach Packungsanleitung) garen.

2. Für die Currysauce in der Zwischenzeit die Zwiebel abziehen und fein würfeln. Apfel schälen, vierteln, entkernen und würfeln.

3. Sonnenblumenöl oder Ghee in einem Topf erhitzen. Die Zwiebel- und Apfelwürfel darin andünsten, mit Currypulver und Mehl bestäuben. Alles verrühren, Sahne und Gemüsebrühe unter Rühren hinzugießen, kurz aufkochen lassen und etwa 10 Minuten unter gelegentlichem Rühren bei schwacher Hitze köcheln lassen.

4. Mango halbieren und das Fruchtfleisch vom Stein schneiden. Fruchtfleisch in Würfel schneiden und in die Sauce geben. Die Sauce mit Salz und Pfeffer abschmecken und warm stellen.

5. Für das Gemüse inzwischen Möhren putzen, schälen, abspülen, abtropfen lassen und in feine Streifen schneiden.

6. Zuckerschoten putzen und die Enden abschneiden. Zuckerschoten abspülen, abtropfen lassen und in Stücke schneiden.

7. Sonnenblumenöl oder Ghee in einer großen Pfanne erhitzen. Möhrenstreifen und Zuckerschotenstücke darin andünsten. Reis, Bambus- und Sojabohnensprossen unterrühren. Das Ganze mit Salz und Pfeffer abschmecken.

8. Das Currygemüse mit Reis auf Tellern anrichten und mit der Currysauce umgießen. Mango-Chutney in Klecksen daraufgeben.

Tipp: Wenn Sie die Zuckerschoten und Möhrenstreifen nicht so knackig mögen, dann können Sie diese in kochendem Salzwasser etwa 2 Minuten vorgaren.

Indonesische Gemüseschüssel mit Erdnusssauce

Dauert länger

4 Portionen

Pro Portion: E: 21 g, F: 47 g, Kh: 24 g, kJ: 2489, kcal: 598, BE: 1,5

Für die Erdnusssauce:

1	*rote Chilischote*
100 g	*geröstete Erdnusskerne*
1 kleines Stück	*Ingwer*
2 EL	*Sesamöl*
250 ml (1/4 l)	*Kokosmilch*
4 EL	*Sojasauce*
1/2 TL	*brauner Zucker*
	Salz
	gem. Pfeffer
	Saft von
1	*Limette*

Für die Gemüseschüssel:

je 1	*rote und gelbe Paprikaschote*
4	*Frühlingszwiebeln*
4	*Möhren*
250 g	*Brokkoli*
250 g	*feine, grüne Bohnen*
4	*Eier (Größe M)*
1 Stängel	*Zitronengras*
3 EL	*Sonnenblumenöl*
100 ml	*Kokosmilch*
1/2 TL	*gem. Koriander*

Zubereitungszeit: 60 Minuten

1. Für die Sauce die Chilischote halbieren, entstielen und entkernen. Schote abspülen, abtropfen lassen und fein würfeln. Die gerösteten Erdnusskerne zuerst grob hacken, dann im Mörser fein zerstoßen oder im Blitzhacker fein hacken. Ingwer schälen und fein reiben.

2. Öl im Wok erhitzen. Erdnusskerne und Ingwer darin bei mittlerer Hitze etwa 2 Minuten anbraten. Kokosmilch, Sojasauce, braunen Zucker und Chiliwürfel hinzugeben. Die Sauce unter Rühren etwa 5 Minuten köcheln lassen. Anschließend die Sauce mit Salz, Pfeffer und Limettensaft abschmecken. Sauce in eine Schüssel geben und beiseitestellen.

3. Für die Gemüseschüssel Paprikaschoten halbieren, entstielen, entkernen und die weißen Scheidewände entfernen. Schoten abspülen, abtropfen lassen und in etwa 2 cm große Stücke schneiden.

4. Frühlingszwiebeln putzen, abspülen, abtropfen lassen und schräg in etwa 2 cm lange Stücke schneiden. Die Möhren putzen, schälen, abspülen, abtropfen lassen und in dünne Scheiben schneiden.

5. Vom Brokkoli die Blätter entfernen. Den Brokkoli in Röschen teilen, abspülen und abtropfen lassen. Von den Bohnen die Enden abschneiden. Die Bohnen evtl. abfädeln, abspülen, abtropfen lassen und in Stücke schneiden.

6. Das Salzwasser zum Kochen bringen und zuerst die Brokkoliröschen darin 2–3 Minuten vorgaren, dann die Bohnenstücke darin kurz blanchieren. Die Brokkoliröschen und Bohnenstücke mit kaltem Wasser abschrecken und abtropfen lassen.

7. Die Eier wachsweich kochen und warm stellen. Das Zitronengras abspülen, abtropfen lassen und in größere Stücke schneiden.

8. Das Gemüse in 3 Portionen teilen. 1 Esslöffel von dem Sonnenblumenöl in einem Wok erhitzen. 1 Gemüseportion darin andünsten. Die restlichen beiden Gemüseportionen ebenso im restlichen Sonnenblumenöl andünsten. Dann das gesamte Gemüse wieder in den Wok geben, unter gelegentlichem Rühren etwa 5 Minuten braten und mit der Kokosmilch ablöschen. Gemüseschüssel mit Salz und Koriander abschmecken. Die Zitronengrasstücke herausnehmen.

9. Das Gemüse in Schüsseln verteilen. Eier pellen und längs halbieren. Auf jede Schüssel 2 Eihälften setzen und das Gemüse mit der Erdnusssauce servieren.

Tipp: Man kann im Asialaden auch fertige Erdnusssauce kaufen.

Japanisches Tempura-Fondue

Gut vorzubereiten

4 Portionen

Pro Portion: E: 42 g, F: 24 g, Kh: 35 g, kJ: 2209, kcal: 528, BE: 3,0

Für die Marinade:

1 Bio-Orange (unbehandelt, ungewachst)
2 EL Sojasauce

500 g Hähnchenbrustfilet

Für die Fischröllchen:

3 Schollenfilets (ohne Haut, je 50 g)
100 g Salatgurke
3 Stängel Dill
1 EL Sojasauce

Für den Tempura-Teig:

1 Ei (Größe M)
270–300 ml eiskaltes Wasser
200 g Weizenmehl
25 g Speisestärke
1 Prise Dr. Oetker Backin

Zum Frittieren:

1 l Sonnenblumenöl
1–2 EL Sesamöl

Außerdem:

12 Holzstäbchen

Zubereitungszeit: 20 Minuten, ohne Marinierzeit

1. Für die Marinade Orange heiß abwaschen, abtrocknen und etwa ein Viertel der Schale dünn abreiben. Orangenschale mit der Sojasauce verrühren.

2. Hähnchenbrustfilet kurz unter fließendem kalten Wasser abspülen, trocken tupfen und in etwa 2 cm große Würfel schneiden.

3. Die Hähnchenwürfel mit der Soja-Orangen-Sauce mischen und zugedeckt mindestens 2 Stunden im Kühlschrank marinieren.

4. Für die Fischröllchen die Schollenfilets kurz unter fließendem kalten Wasser abspülen und mit Küchenpapier trocken tupfen.

5. Die Filets der Länge nach halbieren, jede Hälfte in der Mitte quer durchschneiden.

6. Gurke schälen und die Enden abschneiden. Die Gurke der Länge nach halbieren, entkernen und in 12 etwa 3 cm lange Stifte schneiden.

7. Dill abspülen und trocken tupfen.

8. Die Fischstücke nebeneinanderlegen, mit Sojasauce bestreichen und mit etwas Dill belegen.

9. An ein Ende jeweils 1 Stück Salatgurke legen. Die Fischstücke aufrollen und mit einem Holzstäbchen feststecken.

10. Für den Teig Ei und Wasser verrühren. Mehl mit Speisestärke und Backpulver in einer Rührschüssel mischen. Wasser-Ei-Gemisch nach und nach unterrühren. (Den Teig möglichst erst kurz vor dem Gebrauch anrühren, da er dann beim Frittieren knuspriger wird.)

11. Zum Frittieren Sonnenblumenöl in einem Fondue-Topf auf etwa 175 °C erhitzen. Anschließend das Sesamöl hinzugeben.

12. Die Hähnchenbrustwürfel abtropfen lassen. Fischröllchen und Hähnchenbrustwürfel auf Fonduegabeln spießen, in den Tempura-Teig tauchen, abtropfen lassen und im heißen Öl frittieren.

Tipps: Servieren Sie eine **Mangosauce** dazu. Dafür 2 reife Mangos halbieren, das Fruchtfleisch vom Stein schneiden, schälen, würfeln. ½–1 grüne Chilischote längs halbieren, entkernen, abspülen und fein würfeln. 70 g Zucker in einem Topf goldbraun karamellisieren lassen. Mango, Chiliwürfel und 150 ml Wasser hinzugeben und zugedeckt etwa 10 Minuten kochen lassen, dabei gelegentlich umrühren. Sauce mit 1–2 Teelöffeln Obstessig, Salz und Zucker abschmecken und abkühlen lassen. Im Tempura-Teig lassen sich auch Garnelen und Pilze gut ausbacken.

Kalbsschnitzel „Asia-Art“

Einfach

4 Portionen

Pro Portion: E: 31 g, F: 15 g, Kh: 16 g, kJ: 1365, kcal: 327, BE: 1,0

4	*Kalbsschnitzel (aus der Keule, je etwa 120 g)*
	Salz
	gem. Pfeffer
1–2 EL	*Sonnenblumenöl*
1 Bund	*Frühlingszwiebeln*
175 g	*abgetropfte Bambussprossen (aus dem Glas)*
4–5 Stängel	*Koriander*
75 g	*Cashewkerne*
25 g	*Rosinen*
1/2 TL	*brauner Zucker*
1 TL	*Balsamico-Essig*
2 EL	*süße Chilisauce*
1 EL	*Sojasauce*
	geschroteter, bunter Pfeffer

Zubereitungszeit: 40 Minuten

1. Den Backofen bei Ober-/Unterhitze auf 80 °C vorheizen. Einen großen feuerfesten Teller auf dem Rost (mittlere Schiene) miterwärmen.

2. Die Kalbsschnitzel mit Küchenpapier trocken tupfen, mit Salz und Pfeffer bestreuen. Das Sonnenblumenöl in einer großen Pfanne erhitzen. Die Schnitzel darin von beiden Seiten gut anbraten.

3. Dann die Schnitzel nebeneinander auf den vorgewärmten Teller legen und auf dem Rost in den vorgeheizten Backofen schieben. Kalbsschnitzel etwa 20 Minuten garen. Die Pfanne beiseitestellen.

4. In der Zwischenzeit die Frühlingszwiebeln putzen, abspülen, abtropfen lassen und in etwa 2 cm lange Stücke schneiden (einige Frühlingszwiebelstückchen in Scheiben schneiden und zum Garnieren beiseitelegen).

5. Bambussprossen in Streifen schneiden. Koriander abspülen und trocken tupfen. Die Blättchen von den Stängeln zupfen.

6. Die beiseitegestellte Pfanne mit dem Bratensatz erwärmen. Die Frühlingszwiebelstückchen, Bambussprossen, Cashewkerne und Rosinen darin kräftig andünsten. Zucker darüberstreuen und karamellisieren lassen. Essig, Chili- und Sojasauce unterrühren.

7. Die Schnitzel mit der Mischung anrichten, mit grob geschrotetem Pfeffer bestreuen, mit Korianderblättchen und beiseitegelegten Zwiebelscheiben garniert servieren.

Beilage: Reisnudeln oder Langkornreis mit Wildreis.

Kartoffelsalat, asiatisch angemacht

Gut vorzubereiten

4 Portionen

Pro Portion: E: 7 g, F: 21 g, Kh: 32 g, kJ: 1463, kcal: 350, BE: 2,5

Für die Sauce:

- *4 EL Salatmayonnaise*
- *4 EL Joghurt (3,5 % Fett)*
- *1 EL Sesamöl*
- *1 EL Zitronensaft*
- *Salz oder 1 TL Sojasauce*
- *gem. Pfeffer*
- *1/2 TL gem. Ingwer*
- *1 Prise Zucker*
- *1 Prise Chiliflocken*

- *750 g gegarte Pellkartoffeln*
- *2 rote Zwiebeln*
- *1/2 Salatgurke*
- *200 g abgetropfte Mungobohnenkeimlinge (aus dem Glas)*
- *2 EL geröstete, geschälte Sesamsamen*

Zubereitungszeit: 20 Minuten

1. Für die Sauce Mayonnaise mit Joghurt, Sesamöl und Zitronensaft in einer Salatschüssel verrühren. Die Sauce mit Salz oder Sojasauce, Pfeffer, Ingwer, Zucker und Chili würzen.

2. Pellkartoffeln pellen und in dünne Scheiben schneiden (evtl. mit einem Eierschneider). Kartoffelscheiben unter die Sauce mischen.

3. Zwiebeln abziehen, in kleine Würfel schneiden und unter den Salat geben. Kartoffelsalat etwa 5 Minuten durchziehen lassen.

4. In der Zwischenzeit die Gurkenhälfte abspülen, abtrocknen oder nach Belieben schälen, die Enden abschneiden. Gurkenhälfte längs vierteln und in Scheiben schneiden.

5. Mungobohnenkeimlinge und Gurkenscheiben unter den Kartoffelsalat heben. Den Salat mit Salz oder Sojasauce, Pfeffer und Ingwer abschmecken. Den Kartoffelsalat mit Sesamsamen bestreut servieren.

Tipps: Den Salat mit gebratenem Tunfischfilet und Korianderblättchen servieren. Den Kartoffelsalat mit eingelegtem Ingwer, den man aus der Sushi-Küche kennt, aromatisieren.

Knusprige Entenfäden

Dauert länger – mit Alkohol

4 Portionen

Pro Portion: E: 44 g, F: 26 g, Kh: 11 g, kJ: 1931, kcal: 460, BE: 1,0

1 küchenfertige Ente (1,8–2 kg)
3 l Wasser
1 gestr. TL Salz

100 g Zuckerschoten
50 g Möhren
2 rote Chilischoten
2 Frühlingszwiebeln

Zum Frittieren:
1 l Speiseöl, z. B. Sonnenblumenöl

3 EL Sonnenblumenöl
3 Knoblauchzehen
1 TL Sambal Oelek
1 TL Essig-Essenz (25 %)
½ gestr. TL Salz
1 EL Zucker
3 EL Sojasauce
2 EL Reiswein
1 TL Kartoffelstärke
3 EL kaltes Wasser

Zubereitungszeit: 45 Minuten, ohne Abkühlzeit
Garzeit: etwa 2 Stunden

1. Die Ente innen und außen unter fließendem kalten Wasser abspülen, abtropfen lassen und in 4–6 Stücke teilen. Die Stücke in einen großen Wok oder Topf geben. Wasser hinzugießen und zum Kochen bringen. Salz hinzufügen. Die Entenstücke etwa 2 Stunden bei schwacher Hitze garen, bis sich das Fleisch vom Knochen löst.

2. Die Entenstücke aus dem Wok nehmen, abtropfen und etwas abkühlen lassen. Das Fleisch von den Knochen lösen, dabei die Haut entfernen und das Fleisch in sehr feine Fasern zerpflücken.

3. Von den Zuckerschoten die Enden abschneiden, evtl. abfädeln. Zuckerschoten abspülen und abtropfen lassen.

4. Möhren putzen, schälen, abspülen, abtropfen lassen und in feine Streifen schneiden. Die Chilischoten halbieren, entstielen, entkernen, abspülen, trocken tupfen und in feine Streifen schneiden. Die Frühlingszwiebeln putzen, abspülen, abtropfen lassen und in Scheiben schneiden.

5. Speiseöl in einem Wok auf etwa 175 °C erhitzen. Die Entenfasern darin portionsweise unter Wenden frittieren, mit einem Schaumlöffel herausnehmen, auf Küchenpapier abtropfen lassen.

6. Die Entenfasern nochmals in dem Speiseöl frittieren, bis sie ganz knusprig und goldbraun sind. Die Entenfasern mit dem Schaumlöffel herausnehmen, auf Küchenpapier legen und gut abtropfen lassen. Das Speiseöl aus dem Wok gießen.

7. Das Sonnenblumenöl in dem Wok erhitzen. Knoblauch abziehen, in feine Streifen schneiden, in den Wok geben und andünsten. Zuckerschoten, Möhren-, Chilistreifen und Frühlingszwiebelscheiben hinzugeben und etwa 1 Minute unter Wenden braten.

8. Die frittierten Entenfäden hinzufügen. Dann die Zutaten mit Sambal Oelek, Essig-Essenz, Salz, Zucker, Sojasauce und Reiswein übergießen, etwa 1 Minute kochen lassen. Kartoffelstärke mit Wasser anrühren, unterrühren und kurz unter Rühren aufkochen lassen. Die knusprigen Entenfäden heiß servieren.

Knusprige Fischstückchen mit pikanter Sauce

Etwas Besonderes

4 Portionen

Pro Portion: E: 40 g, F: 12 g, Kh: 10 g, kJ: 1328, kcal: 318, BE: 0,5

Für die Sauce:

1 Stange Porree (Lauch)
20 g Ingwer
2 Knoblauchzehen
2 Chilischoten
1–2 EL Sojaöl
2 EL Reis- oder Weißweinessig
200 ml Gemüsebrühe
1 EL Sojabohnenpaste
3 EL Sojasauce

750 g Tilapiafilet
1 Eiweiß (Größe M)
2 EL Speisestärke
2 TL China-Gewürzzubereitung

Zum Frittieren:

350 ml Sojaöl

Zubereitungszeit: 40 Minuten

1. Für die Sauce den Porree putzen, die Stange längs halbieren, gründlich waschen und abtropfen lassen. Porree in feine Streifen schneiden. Ingwer schälen, Knoblauch abziehen. Ingwer und Knoblauch in feine Würfel schneiden.

2. Chilischoten halbieren, entstielen und entkernen. Schotenhälften abspülen, trocken tupfen und in feine Würfel schneiden.

3. Das Sojaöl in einem Wok erhitzen. Knoblauch-, Chili- und Ingwerwürfel darin anbraten. Essig, Gemüsebrühe, Sojabohnenpaste und Sojasauce unterrühren, kurz aufkochen lassen. Porreestreifen hinzufügen und kurz miterhitzen.

4. Die Sauce aus dem Wok in ein vorgewärmtes Gefäß füllen und warm halten.

5. Das Fischfilet kurz unter fließendem kalten Wasser abspülen, trocken tupfen und in etwa 4 x 3 cm große Stücke schneiden. Eiweiß mit Handrührgerät mit Rührbesen zu feinem Schnee schlagen, Speisestärke und China-Gewürzzubereitung unterrühren. Die Fischstücke unter die Eischneemischung heben.

6. Zum Frittieren das Sojaöl in dem Wok erhitzen. Die Fischstücke darin portionsweise jeweils etwa 3 Minuten goldbraun frittieren. Die Fischstücke mit einer Schaumkelle herausnehmen, auf Küchenpapier abtropfen lassen und warm stellen.

7. Die knusprigen Fischstückchen mit der pikanten Sauce servieren.

Beilage: Naturreis.

Tipp: Statt der China-Gewürzzubereitung kann auch Currypulver, Paprikapulver edelsüß, Pfeffer und Kreuzkümmel (Cumin) zum Würzen verwendet werden.

Kokosklebreis mit Banane

Süßer Genuss

4–6 Portionen

Pro Portion: E: 5 g, F: 14 g, Kh: 66 g, kJ: 1725, kcal: 414, BE: 5,5

250 g	*Klebreis*
325 ml	*ungesüßte Kokosmilch*
1 gestr. TL	*Salz*
75 g	*Zucker*
2 EL	*geschälte Sesamsamen*
350 g	*Bananen*
2 EL	*Limettensaft*
1	*Bio-Limette (unbehandelt, ungewachst)*

Zubereitungszeit: 25 Minuten, ohne Einweich- und Abkühlzeit
Garzeit: etwa 20 Minuten

1. Den Klebreis über Nacht in reichlich kaltem Wasser einweichen. Danach den Reis in ein Sieb geben, mit kaltem Wasser abspülen und gut abtropfen lassen. Den Reis am besten in einen beschichteten Topf oder eine beschichtete Pfanne geben. Kokosmilch, Salz und Zucker dazugeben und unterrühren. Den Reis zugedeckt bei schwacher Hitze zum Köcheln bringen und zugedeckt weitere etwa 20 Minuten garen.

2. Den Reis erkalten lassen. Sesamsamen in einer Pfanne ohne Fett unter Wenden goldbraun rösten. Bananen schälen, in dünne Scheiben schneiden und mit dem Limettensaft mischen.

3. Den Reis halbieren. Die eine Hälfte auf eine Sushimatte (ersatzweise Frischhaltefolie) geben, gleichmäßig rechteckig (etwa 23 x 19 cm) ausbreiten und leicht andrücken. Die Hälfte der Bananenscheiben der Länge nach auf die Mitte vom Reis legen. Die Matte von beiden Seiten so über der Banane zusammenführen, dass eine „dreieckige" Rolle entsteht, und fest andrücken.

4. Die andere Reishälfte mit den Bananenscheiben auf die gleiche Weise zubereiten.

5. Die Rollen mit einem scharfen Messer in etwa 3 cm dicke Scheiben schneiden. Die Limette mit heißem Wasser abspülen, abtrocknen und vierteln oder sechsteln. Die Kokosklebreisscheiben mit Sesam bestreuen, mit den Limettenspalten garniert servieren.

Kokos-Mango-Reis

(im Foto hinten)

Fruchtig – gut vorzubereiten

6 Portionen

Pro Portion: E: 6 g, F: 29 g, Kh: 75 g, kJ: 2471, kcal: 595, BE: 6,0

500 ml (½ l) Kokosmilch
100 ml Orangensaft
125 g Milchreis
75 g Zucker
1 Prise Salz
1 reife Mango
Saft von
1 Zitrone

Zubereitungszeit: 40 Minuten, ohne Quell- und Abkühlzeit
Garzeit: etwa 30 Minuten

1. Kokosmilch und Orangensaft in einen Topf gießen. Milchreis, Zucker und Salz unterrühren. Den Milchreis etwa 1 Stunde quellen lassen.

2. Den Reis in ein Sieb geben und abtropfen lassen. Die Kokosmilch dabei auffangen und wieder in den Topf gießen. Kokosmilch zum Kochen bringen.

3. Den Reis wieder hinzugeben, zum Kochen bringen und unter Rühren etwa 5 Minuten bei mittlerer Hitze kochen lassen. Den Reis bei schwacher Hitze weitere etwa 25 Minuten unter gelegentlichem Rühren garen.

4. Den Reis auf der ausgeschalteten Kochstelle nachquellen lassen. Den Kokosreis abkühlen lassen und anschließend zugedeckt in den Kühlschrank stellen.

5. Die Mango halbieren. Das Fruchtfleisch vom Stein schneiden. Mangohälften schälen, in mundgerechte Würfel schneiden und in eine Schüssel geben. Zitronensaft hinzugeben. Mangostücke mit dem Zitronensaft vermischen.

6. Den Kokosreis vor dem Servieren in 6 Portionsschälchen oder Gläser füllen. Die Mangostücke auf dem Kokosreis verteilen und servieren.

Kokos-Nektar-Würfel mit Litschis

(im Foto vorne)

Süßer Genuss

6 Portionen

Pro Portion: E: 2 g, F: 10 g, Kh: 92 g, kJ: 1977, kcal: 473, BE: 7,5

Für die erste Schicht:

40 g Tapiokamehl (erhältlich im Asialaden)
25 g Reismehl (erhältlich im Asialaden)
75 g Zucker
1 Prise Salz
125 ml (⅛ l) Kokosmilch

Für die zweite Schicht:

40 g Tapiokamehl
25 g Reismehl
75 g Zucker
125 ml (⅛ l) schwarzer Johannisbeernektar
1 gestr. TL Zitronensäure

280 g abgetropfte Litschis (aus der Dose)

Zubereitungszeit: 30 Minuten, ohne Abkühlzeit
Garzeit: etwa 50 Minuten

1. Den Backofen vorheizen.
Ober-/Unterhitze: etwa 140 °C
Heißluft: etwa 120 °C

2. Für die erste Schicht Tapiokamehl mit Reismehl, Zucker, Salz und Kokosmilch in eine Rührschüssel geben und mit einem Schneebesen glatt rühren. Die Masse in eine kleine, flache Auflaufform (gefettet) gießen. Die Auflaufform mit Alufolie verschließen.

3. Ein Backblech mit hohem Rand oder eine Fettpfanne etwa 2 cm hoch mit heißem Wasser füllen. Die Auflaufform auf das Blech oder in die Fettpfanne setzen. Das Blech oder die Fettpfanne in den vorgeheizten Backofen schieben. Kokosmasse **etwa 25 Minuten stocken lassen.**

4. Für die zweite Schicht in der Zwischenzeit Tapiokamehl mit Reismehl, Zucker, Johannisbeersaft und Zitronensäure mit einem Schneebesen glatt rühren. Die Fruchtmasse auf der gestockten Kokosmasse verteilen. Auflaufform wieder mit der Alufolie verschließen.

5. Das Blech oder die Fettpfanne wieder zurück in den Backofen schieben. Kokosmasse mit der Fruchtmasse **weitere etwa 25 Minuten stocken lassen.**

6. Die Form auf einen Kuchenrost stellen, die Alufolie entfernen und die Kokos-Nektar-Masse erkalten lassen. Anschließend die Kokos-Nektar-Masse aus der Form lösen, auf ein Schneidbrett legen und in etwa 3 cm große Würfel schneiden. Die Kokos-Nektar-Würfel auf kleinen Tellern mit den Litschis verteilen.

Tipp: Die Kokos-Nektar-Würfel können gut vorbereitet und zugedeckt im Kühlschrank kalt gestellt werden.

Kürbiscurry mit Reis

Einfach lecker

4 Portionen

Pro Portion: E: 9 g, F: 45 g, Kh: 46 g, kJ: 2620, kcal: 629, BE: 3,5

150 g Basmatireis
225 ml kaltes Wasser
1 gestr. TL Salz
40 g Butter

1 kg Hokkaido-Kürbis
100 g Zwiebeln
½ grüne Chilischote
10 grüne Kardamomkapseln
4 EL Speiseöl, z. B. Maiskeimöl
1 gestr. EL gem. Zimt
1 gestr. EL Paprikapulver edelsüß
1 TL braune Senfkörner
1 gestr. EL Currypulver
600 ml ungesüßte Kokosmilch
300 ml Gemüsebrühe
2 EL Zitronensaft
3 Stängel Minze

Zubereitungszeit: 40 Minuten
Garzeit: etwa 30 Minuten

1. Den Reis in einem Sieb kurz mit lauwarmem Wasser abspülen und gut abtropfen lassen. Den Reis mit Wasser und Salz im offenen Topf bei starker Hitze kochen lassen, bis das Wasser den Reis nicht mehr bedeckt. Die Butter zugeben. Den Reis zugedeckt etwa 15 Minuten bei schwacher Hitze quellen lassen. Dann den Topf von der Kochstelle nehmen und den Reis im geschlossenen Topf warm halten.

2. In der Zwischenzeit Kürbis abspülen, abtrocknen und halbieren. Kerne und faserigen Innenteil entfernen. Kürbis schälen, in etwa 3 ½ cm große Stücke schneiden. Zwiebeln abziehen und in dünne Spalten schneiden

3. Chilischote entstielen, entkernen, abspülen, abtropfen lassen und fein würfeln. Kardamomsamen aus den Kapseln lösen und im Mörser fein zerstoßen.

4. Das Speiseöl in einem weiten Topf erhitzen. Kürbis und Zwiebeln darin unter Wenden bei starker Hitze anbraten. Chili, Kardamomsamen, Zimt, Paprika, Senfkörner und Curry unterrühren und noch etwa 1 weitere Minute braten. Kokosmilch, Brühe und Salz zugeben und unterrühren.

5. Das Curry im offenem Topf bei starker Hitze etwa 15 Minuten kochen lassen. Dabei ab und zu umrühren. Zitronensaft unterrühren. Minzeblätter von den Stängeln zupfen, abspülen, trocken tupfen und grob schneiden. Das Curry mit Minze bestreut mit dem Reis servieren.

Rezeptvariante: Wenn Sie Kürbis mögen, dann probieren Sie auch folgendes Kürbiscurryrezept aus. Für ein **indisches Kürbiscurry** Kürbis und Zwiebeln wie im Rezept beschrieben vorbereiten. Den Kürbis in mundgerechte Stücke schneiden, Zwiebeln würfeln. 10 g Ingwer schälen und ebenfalls klein würfeln. 2–3 Esslöffel Speiseöl in einem Topf erhitzen. Je ½ Teelöffel Kurkuma, Kreuzkümmel, Anissamen, Fenchelsamen, Kardamom (alles gemahlen) hinzugeben und unter Rühren einmal aufschäumen lassen. Die Zwiebel- und Ingwerwürfel hinzugeben, etwa 3 Minuten unter Rühren glasig dünsten. Kürbiswürfel hinzufügen und unter Rühren etwa 4 Minuten mitdünsten lassen, mit Salz und etwas Zucker würzen. 480 g geschälte Tomaten (aus der Dose) mit der Flüssigkeit und 250 ml (¼ l) Gemüsebrühe hinzugeben. Kürbiscurry zum Kochen bringen und etwa 30 Minuten bei schwacher Hitze leicht kochen lassen.

Lammcurry mit grünen Bohnen und Raita

Dauert länger

4 Portionen

Pro Portion: E: 41 g, F: 43 g, Kh: 35 g, kJ: 2913, kcal: 695, BE: 2,5

175 g	*Zwiebeln*
40 g	*Ingwer*
½	*rote Chilischote*
10	*grüne Kardamomkapseln*
1 EL	*Fenchelsamen*
1 TL	*gem. Gewürznelken*
1 EL	*gem. Zimt*
3 EL	*Speiseöl, z. B. Maiskeimöl*
700 g	*Lammgehacktes*
2 EL	*Tomatenmark*
	Salz
1 l	*Wasser*
250 g	*Möhren*
200 g	*Cocktailtomaten*
50 g	*getrocknete Aprikosen*
300 g	*grüne Bohnen*
4 Stängel	*Minze*
500 g	*griechischer Sahnejoghurt (10 % Fett)*
4 EL	*Mango-Chutney (aus dem Glas)*

Zubereitungszeit: 40 Minuten
Garzeit: etwa 90 Minuten

1. Zwiebeln abziehen und würfeln. Ingwer schälen und fein würfeln. Chilischotenhälfte entstielen und entkernen, abspülen, abtropfen lassen und grob hacken.

2. Die Kardamomsamen aus den Kapseln lösen und mit dem Fenchelsamen im Mörser fein zerstoßen, mit Nelken und Zimt mischen.

3. Das Speiseöl in einem weiten Topf erhitzen. Das Lammgehackte darin bei starker Hitze kräftig anbraten. Die Gewürzmischung unterrühren und kurz mit anbraten. Dann Zwiebeln, Ingwer und Chili unterrühren und mitbraten. Tomatenmark unterrühren. Das Ganze mit Salz würzen. Wasser hinzugießen, unterrühren, kurz aufkochen lassen und im offenem Topf etwa 70 Minuten leise köcheln lassen, dabei gelegentlich umrühren. Evtl. etwas heißes Wasser nachgießen.

4. In der Zwischenzeit die Möhren putzen, schälen, abspülen, abtropfen lassen und würfeln. Tomaten abspülen, abtropfen lassen, halbieren und die Stängelansätze herausschneiden. Aprikosen in kleine Stückchen schneiden.

5. Von den Bohnen die Enden abschneiden, evtl. abfädeln und in große Stücke schneiden. Die Bohnen in kochendem Salzwasser kurz blanchieren, dann mit eiskaltem Wasser abschrecken und abtropfen lassen.

6. Aprikosenstücke und Möhrenwürfel in das Curry geben. Curry weitere etwa 15 Minuten garen. Dann die Tomaten untermischen und das Curry noch weitere etwa 5 Minuten garen.

7. Zum Schluss die Bohnen in das Curry geben und kurz miterhitzen. Minze abspülen, trocken tupfen und die Blätter von den Stängeln zupfen. Die Blätter grob hacken.

8. Für Raita Joghurt mit Chutney verrühren, mit Salz abschmecken. Die Hälfte der Minzeblätter unterrühren. Das Curry mit den restlichen Minzeblättern bestreuen und servieren.

Beilage: Basmatireis.

Linsen-Dal mit Putenwürstchen

Etwas Besonderes

4 Portionen

Pro Portion: E: 32 g, F: 20 g, Kh: 55 g, kJ: 2243, kcal: 536, BE: 4,5

Für das Linsen-Dal:

etwa 250 g	*Knollensellerie*
2	*große Möhren*
1 EL	*Butter oder Ghee (geklärte Butter)*
1 TL	*Garam Masala (indische Gewürzmischung) oder Currypulver*
	Saft von
1	*Limette*
1 EL	*flüssiger Honig*
etwa 500 ml (1/2 l)	*Gemüsebrühe*
250 g	*rote Linsen*
200 g	*Joghurt (3,5 % Fett)*
2–3 EL	*Mango-Chutney (aus dem Glas)*
1 EL	*Speiseöl, z. B. Sonnenblumenöl*
4–6	*Putenbratwürstchen (je etwa 60 g)*
	Salz
	gem. Pfeffer
1	*reife Mango*
evtl. 5 Stängel	*Koriander*

Zubereitungszeit: 25 Minuten
Garzeit: etwa 15 Minuten

1. Sellerie und Möhren putzen, schälen, abspülen, abtropfen lassen und in sehr feine Würfel schneiden.

2. Butter oder Ghee in einem Topf zerlassen. Sellerie- und Möhrenwürfel darin unter Rühren andünsten, mit Garam Masala oder Curry würzen.

3. Limettensaft mit flüssigen Honig verrühren, zu dem angedünsteten Gemüse in den Topf geben und gut unterrühren.

4. Gemüsebrühe und Linsen hinzugeben, zum Kochen bringen und etwa 15 Minuten bei schwacher Hitze kochen lassen, dabei ab und zu vorsichtig umrühren.

5. In der Zwischenzeit Joghurt mit Mango-Chutney verrühren.

6. Speiseöl in einer Pfanne erhitzen. Die Würstchen darin von allen Seiten braun braten. Linsen-Dal mit Salz und Pfeffer abschmecken.

7. Die Mango längs halbieren und das Fruchtfleisch vom Stein schneiden. Mango schälen und in Spalten schneiden.

8. Nach Belieben Koriander abspülen und trocken tupfen. Die Blättchen von den Stängeln zupfen.

9. Linsen-Dal mit dem Mangojoghurt, den Putenbratwürstchen, Mangospalten und Korianderblättchen anrichten.

Tipps: Dal ist ein Linsen-Gericht aus der indischen Küche. Ihren Geschmack bekommen die feinen, nur kurz gegarten Hülsenfrüchte aus den vielfältigen Gewürz-Aromen von Kreuzkümmel, Kardamom, Zimt, Chili, Kurkuma und mehr. Wer nicht alle Gewürzsorten vorrätig hat, kann auch eine fertige Gewürzmischung oder Currypulver verwenden. Naan, kleine indische Fladenbrote, passen sehr gut als Beilage zu dem Linsen-Dal.

Maki-Sushi mit Tunfisch

Titelrezept – raffiniert

25 Stück

Pro Stück: E: 3 g, F: 2 g, Kh: 10 g, kJ: 295, kcal: 70, BE: 1,0

300 g	*Sushireis*
450 ml	*Wasser*
1 gestr. TL	*Salz*
4 EL	*Reisessig*
1 TL	*Zucker*
½ gestr. TL	*Salz*
250 g	*ganz frisches Tunfischfilet (möglichst ein langes, etwa 5 cm breites Stück)*
5 Blätter	*getrocknete Norialgen (erhältlich im Asialaden oder in Spezialitätenabteilungen von Supermärkten)*

Außerdem:

2 EL	*Sojasauce*
1 EL	*Wasabipaste*
125 g	*eingelegter Ingwer*

Zubereitungszeit: 35 Minuten, ohne Abkühlzeit
Garzeit: etwa 30 Minuten

1. Den Reis in ein Sieb geben und so lange unter fließendem kalten Wasser abspülen, bis das Wasser klar abläuft. Den Reis sehr gut abtropfen lassen.

2. Den Reis mit Wasser und Salz in einen Topf geben, zum Kochen bringen. Den Reis zugedeckt bei schwacher Hitze etwa 20 Minuten köcheln lassen. Dann den Topf von der Kochstelle nehmen und den Reis noch etwa 10 Minuten ausquellen lassen.

3. Reisessig erwärmen. Zucker und Salz darin unter Rühren auflösen. Die Mischung locker unter den heißen Reis mischen. Den Reis mit einem feuchten Tuch zudecken und fast ganz erkalten lassen.

4. Den Tunfisch kurz unter fließendem kalten Wasser abspülen, trocken tupfen und in 5 gleich lange Streifen schneiden.

5. Ein Noriblatt auf eine Sushimatte legen. Ein Fünftel der Reismasse darauf verteilen. 1 Streifen Tunfisch in die Mitte des Blattes legen und zu einer festen Rolle aufrollen. Mit den restlichen Noriblättern ebenso verfahren. Danach die Rollen in jeweils 5 Makiröllchen schneiden.

6. Sojasauce mit Wasabipaste verrühren. Sushi mit dem eingelegten Ingwer und der Sauce servieren.

Mangogelee in Zitronen-Sternanis-Zuckersirup

Mit Alkohol

4 Portionen

Pro Portion: E: 4 g, F: 1 g, Kh: 41 g, kJ: 934, kcal: 223, BE: 3,5

1–2	*Mangos (etwa 400 g, reifes Fruchtfleisch)*
6 EL	*Zitronensaft*
6 Blatt	*weiße Gelatine*
125 ml (1/8 l)	*Sojamilch (natur)*
100 g	*Zucker*

Für den Sirup:

100 ml	*Pflaumenwein*
6 EL	*Zitronensaft*
275 ml	*Wasser*
4	*Sternanis*

Zubereitungszeit: 40 Minuten, ohne Kühlzeit

1. Die Mangos halbieren. Das Fruchtfleisch vom Stein schneiden und schälen. Fruchtfleisch grob würfeln. Mango mit 3 Esslöffeln des Zitronensaftes so fein wie möglich pürieren.

2. Gelatine nach Packungsanleitung einweichen. Die Sojamilch mit 2 Esslöffeln von dem Zucker in einem kleinen Topf verrühren und bei schwacher Hitze erwärmen. Den Topf von der Kochstelle nehmen. Die Gelatine leicht ausdrücken und unter Rühren in der Sojamilch auflösen.

3. Die aufgelöste Gelatine zuerst mit etwa 4 Esslöffeln von dem Mangopüree verrühren, dann unter das restliche Mangopüree rühren.

4. Eine kleine Auflaufform (etwa 22 x 15 cm) glatt mit Frischhaltefolie auslegen und das Püree hineinfüllen. Die Auflaufform zugedeckt etwa 6 Stunden in den Kühlschrank stellen, das Püree fest werden lassen.

5. Für den Sirup in der Zwischenzeit Pflaumenwein mit restlichem Zucker und restlichem Zitronensaft, Wasser und Sternanis in einem Topf verrühren, kurz aufkochen lassen, etwa 5 Minuten köcheln lassen. Den Topf von der Kochstelle nehmen. Den Sirup erkalten lassen und zugedeckt in den Kühlschrank stellen.

6. Das Püree mit der Frischhaltefolie aus der Form stürzen und die Folie entfernen. Das Mangogelee mit einem Messer in 3–4 cm große Rauten schneiden, in Dessertschüsseln verteilen, mit dem Sirup auffüllen.

Marinierte Mini-Maiskolben

(Zubereitung im Bambusdämpfer, Ø etwa 26 cm)

Vegetarisch

2 Portionen

Pro Portion: E: 6 g, F: 7 g, Kh: 46 g, kJ: 1232, kcal: 294, BE: 4,0

- *300 g* ***Mini-Maiskolben***
- *1* ***Bio-Limette (unbehandelt, ungewachst)***
- *2* ***Knoblauchzehen***
- *1 EL* ***fein gehackte Petersilienblättchen***
- *2 EL* ***süße Chilisauce***
- *2 EL* ***flüssiger Honig***
- *1 EL* ***Sojasauce***
- *1 EL* ***Sesamöl***

Zubereitungszeit: 20 Minuten, ohne Marinierzeit
Dämpfzeit: 6–8 Minuten

1. Maiskolben putzen, abspülen, abtropfen lassen und in eine flache Schale legen. Limette heiß abwaschen und abtrocknen. Limettenschale fein abreiben. Limette halbieren und den Saft auspressen.

2. Den Knoblauch abziehen und durch eine Knoblauchpresse drücken. Limettenschale, -saft, Petersilie, Knoblauch, Chilisauce, Honig, Sojasauce und Sesamöl miteinander verrühren. Die Maiskolben damit übergießen. Die Maiskolben etwa 30 Minuten marinieren, dabei gelegentlich wenden.

3. Eine große Pfanne oder einen Wok etwa 3 cm hoch mit Wasser füllen, Wasser zum Kochen bringen. Die Maiskolben mit der Marinade in einen tiefen, hitzebeständigen Teller geben. Den Teller in den Dämpfeinsatz stellen. Darauf achten, dass am Rand die Dampfaustrittslöcher nicht bedeckt sind.

4. Den Dämpfer mit dem Deckel verschließen, in die Pfanne oder den Wok stellen. Maiskolben 6–8 Minuten dämpfen.

Tipp: Die Maiskolben eignen sich als Gemüsebeilage zu gegrilltem Fleisch oder Fisch.

Mariniertes Hähnchen mit Paprikagemüse

Einfach – mit Alkohol

4 Portionen

Pro Portion: E: 30 g, F: 14 g, Kh: 14 g, kJ: 1272, kcal: 304, BE: 1,0

400 g Hähnchenbrustfilet
1 Stück Ingwer
1 EL Sherry
¼ gestr. TL Salz
1 TL Speisestärke
½ Eiweiß (Größe M)

10 g getrocknete Shiitakepilze
je 1 grüne und rote Paprikaschote
2 Knoblauchzehen
2 Frühlingszwiebeln
4 EL Speiseöl, z. B. Sonnenblumenöl
200 g abgetropfte Bambussprossen (aus dem Glas)
1 gestr. TL Salz
1 TL Zucker
75 g Cashewkerne

Zubereitungszeit: 35 Minuten, ohne Durchziehzeit

1. Das Hähnchenbrustfilet kurz unter fließendem kalten Wasser abspülen, trocken tupfen, in Würfel schneiden. Ingwer schälen und sehr klein hacken. Sherry, Ingwer und Salz zu den Fleischwürfeln geben, gut untermischen. 1 Teelöffel Speisestärke auf die Fleischwürfel streuen und gut einreiben. Das Eiweiß verschlagen und unterrühren. Die Hähnchenwürfel zugedeckt etwa 20 Minuten im Kühlschrank durchziehen lassen.

2. Inzwischen die Shiitakepilze nach Packungsanleitung einweichen, abtropfen lassen und in kleine Stücke schneiden. Paprikaschoten halbieren, entstielen, entkernen und die weißen Scheidewände entfernen. Schotenhälften abspülen, abtropfen lassen und in größere Würfel schneiden.

3. Knoblauch abziehen und in kleine Stücke schneiden. Frühlingszwiebeln putzen, abspülen, abtropfen lassen und in Scheiben schneiden.

4. Drei Esslöffel des Speiseöls in einem Wok erhitzen. Fleischwürfel hinzugeben und etwa 2 Minuten von allen Seiten anbraten. Die Fleischwürfel herausnehmen, auf Küchenpapier abtropfen lassen und beiseitelegen.

5. Den Wok säubern. Restliches Speiseöl hinzugeben und erhitzen. Knoblauch und Frühlingszwiebelscheiben darin kurz andünsten. Paprikawürfel, Pilzstücke und Bambussprossen hinzufügen und etwa 1 Minute unter Rühren mitdünsten lassen, mit Salz und Zucker würzen. Beiseitegelegte Fleischwürfel und Cashewkerne hinzugeben, nochmals etwa 1 Minute unter Rühren braten, bis die Fleischwürfel gar sind.

Tipp: Schmeckt auch sehr gut mit einer Sauce. Dafür nachdem das Fleisch am Schluss zugegeben wurde, alles mit ein wenig Brühe und je 1 Esslöffel Sherry und Sojasauce ablöschen und mit angerührter Speisestärke (1 Esslöffel Speisestärke auf 2 Esslöffel Wasser) leicht andicken.

Mie-Nudeln-Gemüse-Pfanne

Vegetarisch

2–3 Portionen

Pro Portion: E: 20 g, F: 12 g, Kh: 89 g, kJ: 2287, kcal: 547, BE: 7,0

225 g Mie-Nudeln (asiatische Instant-Nudeln)
150 g Champignons
150 g Zuckerschoten
150 g Möhren
1 rote Paprikaschote
1 Bund Frühlingszwiebeln
200 g Mungobohnenkeimlinge
2 EL Speiseöl, z. B. Sesamöl
1 EL Currypulver
gem. Kreuzkümmel (Cumin)
Salz
1 TL Sambal Oelek
3 EL Sojasauce

Zubereitungszeit: 45 Minuten

1. Die Nudeln nach Packungsanleitung zubereiten und abtropfen lassen.

2. Champignons putzen, evtl. kurz abspülen, trocken tupfen und in Scheiben schneiden. Die Zuckerschoten putzen und die Enden abschneiden. Die Schoten abspülen und abtropfen lassen. Möhren putzen, schälen, abspülen, abtropfen lassen und sehr in feine Streifen schneiden.

3. Paprikaschote halbieren, entstielen, entkernen und die weißen Scheidewände entfernen. Schotenhälften abspülen, abtropfen lassen und fein würfeln.

4. Frühlingszwiebeln putzen, abspülen, abtropfen lassen und in Scheiben schneiden. Mungobohnenkeimlinge abspülen und abtropfen lassen.

5. Speiseöl in einem Wok erhitzen. Die Champignonscheiben darin unter Rühren anbraten.

6. Möhrenstreifen und Paprikawürfel hinzugeben und unter Rühren etwa 3 Minuten mit anbraten.

7. Mungobohnenkeimlinge, Zuckerschoten und Frühlingszwiebelscheiben hinzufügen und unter Rühren etwa 2 Minuten mitbraten lassen. Das Gemüse mit Curry, Kreuzkümmel und Salz würzen.

8. Die Nudeln mit Sambal Oelek und Sojasauce mischen, mit dem Gemüse im Wok vermengen und erwärmen. Die Mie-Nudeln-Gemüse-Pfanne auf Tellern anrichten und servieren.

Tipps: Sie können die asiatischen Nudeln durch andere Nudeln (z. B. Wok-Nudeln oder dünne Bandnudeln) ersetzen. Die Nudeln können auch getrennt dazu gereicht werden, diese dann in 2 Esslöffeln erhitztem Speiseöl anbraten, nach Belieben mit einem verschlagenen Ei verrühren und stocken lassen.

Misosuppe mit Schweinefleisch und Gemüse

Mit Alkohol

4 Portionen

Pro Portion: E: 14 g, F: 9 g, Kh: 9 g, kJ: 735, kcal: 175, BE: 0,5

- *200 g Schweinefilet (ohne Haut und Sehnen)*
- *2 EL Sojasauce*
- *2 EL Mirin (japanischer Reiswein)*
- *5 g Katsuo Dashi No Moto (1 Tütchen, Dashi-Konzentrat-Pulver, erhältlich im Asialaden)*
- *1 l heißes Wasser*
- *75 g abgetropfte Bambusschösslinge (aus der Dose)*
- *200 g Möhren*
- *100 g Shiitakepilze*
- *50 g Frühlingszwiebeln*
- *3 EL Speiseöl, z. B. Maiskeimöl*
- *3 geh. EL helle Misopaste (Shiro Miso, japanische Bohnenpaste, erhältlich im Asialaden)*
- *Salz*

Zubereitungszeit: 35 Minuten

1. Das Schweinefilet mit Küchenpapier trocken tupfen und in etwa 1/2 cm dicke Scheiben schneiden. Die Filetscheiben mit Sojasauce und Mirin mischen. Das Dashi-Konzentrat-Pulver sorgfältig in dem Wasser auflösen.

2. Die Bambusschösslinge in einem Sieb abspülen, abtropfen lassen und in feine Streifen schneiden.

3. Möhren putzen, schälen, abspülen und abtropfen lassen. Die Möhren in etwa 7 cm lange, feine Streifen schneiden.

4. Von den Shiitakepilzen die Stängel abschneiden. Shiitakepilzköpfe in dünne Scheiben schneiden.

5. Die Frühlingszwiebeln putzen, abspülen, abtropfen lassen und schräg in dünne Scheiben schneiden.

6. Das Speiseöl in einem Topf erhitzen. Möhrenstreifen, Shiitake- und Schweinefiletscheiben darin unter ständigem Rühren etwa 2 Minuten andünsten.

7. Die Dashibrühe hinzugießen und zum Kochen bringen. Die Bambusstreifen hinzugeben. Die Suppe etwa 3 Minuten kochen lassen. Dabei die Suppe gut abschäumen.

8. Den Topf von der Kochstelle nehmen. Die Misopaste unter die Suppe rühren. Die Frühlingszwiebelscheiben hinzugeben. Die Suppe evtl. mit Salz nachwürzen und heiß servieren.

Nasi Goreng

Beliebt

4 Portionen

Pro Portion: E: 26 g, F: 12 g, Kh: 32 g, kJ: 1424, kcal: 341, BE: 2,5

250 g Hähnchenbrustfilet
1–2 EL Sojasauce
150 g Garnelen (entdarmt, ohne Kopf und Schale)
2 Zwiebeln
2 Knoblauchzehen
1 rote Paprikaschote
2 EL Sonnenblumenöl
Salz
gem. Pfeffer
2 gestr. TL Currypulver
1/4 TL gem. Ingwer
2 EL Sesam- oder Sonnenblumenöl
450 g gegarter Langkornreis (Rohgewicht etwa 250 g)
1 Msp. Safran oder Kurkuma (Gelbwurz)
gem. Koriander

Zubereitungszeit: 35 Minuten

1. Das Hähnchenbrustfilet kurz unter fließendem kalten Wasser abspülen, mit Küchenpapier trocken tupfen und in kleine Stücke schneiden. Die Hähnchenstücke mit der Sojasauce vermischen.

2. Die Garnelen kurz unter fließendem kalten Wasser abspülen und mit Küchenpapier trocken tupfen.

3. Zwiebeln und Knoblauch abziehen, fein würfeln. Paprikaschote halbieren, entstielen, entkernen und die weißen Scheidewände entfernen. Schotenhälften abspülen, abtropfen lassen und in feine Streifen schneiden.

4. Sonnenblumenöl in einem Wok erhitzen. Zwiebel- und Knoblauchwürfel darin andünsten. Die Hähnchenstücke hinzugeben und unter Rühren anbraten.

5. Die Garnelen und Paprikastreifen hinzugeben und mitbraten lassen, mit Salz, Pfeffer, 1 Teelöffel Currypulver und Ingwer würzen. Die Hähnchen-Garnelen-Mischung aus dem Wok nehmen.

6. Sesam- oder Sonnenblumenöl in dem Wok erhitzen. Den Reis darin kurz unter Rühren anbraten. Das restliche Currypulver und Safran oder Kurkuma unterrühren. Die Hähnchen-Garnelen-Mischung zum Reis in den Wok geben, unterrühren und kurz miterwärmen. Den Nasi Goreng mit Koriander, Salz und Pfeffer abschmecken und servieren.

Tipps: Nasi Goreng, der auch bei uns beliebte gebratene Reis aus Indonesien, gibt es in vielen Variationen. So können Sie auch Kochschinken in Würfeln oder Rosinen mitbraten. Oder Sie verteilen 2 verschlagene Eier auf dem Reis und lassen diese unter gelegentlichem Rühren stocken.

Nigiri-Sushi mit Lachs

Für Gäste – gut vorzubereiten

25 Stück

Pro Stück: E: 3 g, F: 1 g, Kh: 10 g, kJ: 269, kcal: 64, BE: 1,0

300 g	*Sushireis*
450 ml	*Wasser*
1 gestr. TL	*Salz*
4 EL	*Reisessig*
1 TL	*Zucker*
½ gestr. TL	*Salz*
250 g	*ganz frisches Lachsfilet (möglichst ein etwa 5 cm breites, langes Stück)*
3 TL	*Wasabipaste*
1–2 EL	*Sojasauce*
125 g	*eingelegter Ingwer*

Zubereitungszeit: 40 Minuten, ohne Abkühlzeit
Garzeit: etwa 30 Minuten

1. Den Reis in ein Sieb geben und so lange unter fließendem kalten Wasser abspülen, bis das Wasser klar abläuft. Den Reis sehr gut abtropfen lassen.

2. Den Reis mit Wasser und Salz in einem Topf zum Kochen bringen. Den Reis zugedeckt bei schwacher Hitze etwa 20 Minuten köcheln lassen. Dann den Topf von der Kochstelle nehmen und den Reis noch etwa 10 Minuten ausquellen lassen.

3. Reisessig erwärmen. Zucker und Salz darin unter Rühren auflösen. Die Mischung locker unter den heißen Reis mischen. Den Reis mit einem feuchten Tuch zudecken und fast ganz erkalten lassen.

4. Das Lachsfilet kurz unter fließendem kalten Wasser abspülen, trocken tupfen und in 25 schräge Scheiben schneiden.

5. Jeweils etwas Wasabipaste auf die Lachsscheiben streichen. 1 tischtennisgroße Reisportion in die eine Hand und 1 Lachsscheibe (die bestrichene Seite nach oben) in die andere Hand nehmen. Den Reis auf die Lachsscheibe drücken und dabei in die typische längliche Form bringen. Mit der Lachsseite nach oben auf einer Platte anrichten.

6. So weiter fortfahren, bis 25 Sushi entstanden sind. Sushi mit Sojasauce, Wasabipaste und eingelegtem Ingwer servieren.

Norialgenröllchen mit Garnelen-Lachs-Füllung

Für Gäste – mit Alkohol

4 Portionen

Pro Portion: E: 26 g, F: 18 g, Kh: 8 g, kJ: 1243, kcal: 297, BE: 0,5

300 g	*Riesengarnelen (entdarmt, ohne Kopf und Schale)*
200 g	*Lachsfilet*
100 g	*abgetropfte Wasserkastanien (aus der Dose)*
1	*Frühlingszwiebel*
2 TL	*Reiswein*
1 EL	*Kartoffelstärke*
1 gestr. TL	*Salz*
2 EL	*Sesamöl*
1/4 gestr. TL	*weißer Pfeffer*
1 gestr. TL	*Dr. Oetker Backin*
1	*Eiweiß*
4 Blätter	*getrocknete Norialgen (erhältlich im Asialaden oder in Spezialitätenabteilungen von Supermärkten)*

Zum Frittieren:

1 l	*Speiseöl, z. B. Sonnenblumenöl*

Zubereitungszeit: 30 Minuten, ohne Durchziehzeit

1. Die Riesengarnelen kurz unter fließendem kalten Wasser abspülen, trocken tupfen, in Stücke schneiden und pürieren. Das Lachsfilet ebenfalls kurz unter fließendem kalten Wasser abspülen, trocken tupfen und in Stücke schneiden.

2. Die Wasserkastanien klein hacken. Frühlingszwiebel putzen, abspülen, abtropfen lassen und in kleine Stücke schneiden. Lachs- und Frühlingszwiebelstücke mit den gehackten Wasserkastanien zum Garnelenpüree geben und ebenfalls pürieren.

3. Den Reiswein mit Kartoffelstärke, Salz, Sesamöl, Pfeffer und Backpulver verrühren, zu der Püreemasse geben und alles noch einmal kurz pürieren. Die Masse zugedeckt etwa 15 Minuten in den Kühlschrank stellen und durchziehen lassen.

4. Eiweiß verschlagen. Die Garnelen-Lachs-Masse vierteln und jeweils mittig auf den Norialgenblättern verteilen. Die Blätter fest aufrollen. Die Enden mit Eiweiß bestreichen und fest andrücken.

5. Speiseöl in einem Wok auf etwa 175 °C erhitzen. 2 Röllchen hineingeben und unter Wenden 3–4 Minuten frittieren, mit einer Schaumkelle herausnehmen, leicht abkühlen lassen. Noch einmal etwa 1 Minute frittieren, wieder herausnehmen, auf Küchenpapier abtropfen lassen und in etwa 2 cm dicke Scheiben schneiden. Die restlichen beiden Röllchen auf die gleiche Weise zubereiten, die Röllchen heiß servieren.

Nudel-Gemüse-Pfanne

Vegetarisch

2–3 Portionen

Pro Portion: E: 18 g, F: 21 g, Kh: 87 g, kJ: 2563, kcal: 613, BE: 6,5

2½ l	***Wasser***
2½ gestr. TL	***Salz***
250 g	***Bandnudeln***
250 g	***Möhren***
250 g	***Rettich***
1–2	***Knoblauchzehen***
1 Bund	***Frühlingszwiebeln (etwa 250 g)***
1–2 EL	***geschälte Sesamsamen***
2 EL	***Sonnenblumenöl***
1–2 EL	***dunkles Sesamöl***
	Salz
	gem. Pfeffer
2 EL	***Sojasauce***

Zubereitungszeit: 40 Minuten, ohne Abkühlzeit

1. Das Wasser in einem großen Topf zugedeckt zum Kochen bringen. Dann Salz und Nudeln hinzugeben. Die Nudeln im geöffneten Topf bei mittlerer Hitze nach Packungsanleitung kochen lassen, dabei gelegentlich umrühren.

2. Anschließend die Nudeln in ein Sieb geben, mit heißem Wasser abspülen und abtropfen lassen.

3. Inzwischen die Möhren putzen, schälen, abspülen, abtropfen lassen, in dünne Streifen (Julienne) schneiden oder hobeln. Rettich schälen, abspülen, abtropfen lassen, längs halbieren und in sehr dünne Scheiben schneiden.

4. Knoblauch abziehen und in Scheiben schneiden. Frühlingszwiebeln putzen, abspülen, abtropfen lassen und in Scheiben schneiden. Sesamsamen in einem Wok ohne Fett unter Wenden goldbraun rösten, herausnehmen und auf einen Teller geben.

5. Sonnenblumenöl in dem Wok erhitzen. Die Möhrenstreifen darin etwa 2 Minuten unter Rühren anbraten. Rettich- und Knoblauchscheiben hinzufügen, unter Rühren weitere 3–4 Minuten braten. Die Bandnudeln mit einer Schere mehrmals durchschneiden, zu dem Gemüse in den Wok geben und mit anbraten.

6. Frühlingszwiebelscheiben und Sesamöl hinzugeben, unterrühren und kurz mitbraten. Sesamsamen unterrühren. Die Nudel-Gemüse-Pfanne mit Salz, Pfeffer und Sojasauce würzen.

Tipps: Sie können die Bandnudeln durch chinesische Eiernudeln ersetzen und zusätzlich 20 g getrocknete Mu-err-Pilze verwenden. Diese nach Packungsanleitung einweichen, evtl. putzen, klein schneiden und zusammen mit den Nudeln zum Gemüse geben. Die Nudel-Gemüse-Pfanne schmeckt auch gut, wenn etwa 400 g Putenbruststreifen vor den Möhrenstreifen angebraten, mit Salz und Pfeffer abgeschmeckt und beiseitegestellt werden. Die Putenbruststreifen dann zuletzt unter das Gemüse rühren und mit Currypulver abschmecken.

Onigiri mit gegartem Lachs und Norialgen

Dauert länger

32 Stück

Pro Stück: E: 3 g, F: 1 g, Kh: 8 g, kJ: 233, kcal: 55, BE: 0,5

Zum Vorbereiten:

2 Lachsfilets (je etwa 125 g)
1 gestr. TL Salz

300 g Sushireis
450 ml Wasser
1 gestr. TL Salz
4 EL Reisessig
1 TL Zucker
½ gestr. TL Salz
2 EL ungeschälter Sesamsamen
1 EL Speiseöl, z. B. Maiskeimöl
1 Frühlingszwiebel
125 g Rettich
15 g Ingwer
1 TL Wasabipaste
1 Blatt getrocknete Norialgen (etwa 20 x 20 cm, erhältlich im Asialaden oder in Spezialitätenabteilungen von Supermärkten)

100 ml Sojasauce

Zubereitungszeit: 30 Minuten, ohne Durchzieh- und Abkühlzeit
Garzeit: etwa 30 Minuten

1. Zum Vorbereiten Lachsfilet kurz unter fließendem kalten Wasser abspülen und mit Küchenpapier trocken tupfen. Die Lachsfilets mit dem Salz einreiben und zugedeckt etwa 2 Stunden in den Kühlschrank stellen.

2. Den Reis in ein Sieb geben und so lange unter fließendem kalten Wasser abspülen, bis das Wasser klar abläuft. Den Reis sehr gut abtropfen lassen.

3. Den Reis mit Wasser und Salz in einem Topf zum Kochen bringen. Den Reis zugedeckt bei schwacher Hitze etwa 20 Minuten köcheln lassen. Dann den Topf von der Kochstelle nehmen und den Reis noch etwa 10 Minuten ausquellen lassen.

4. Reisessig erwärmen. Zucker und Salz darin unter Rühren auflösen. Die Mischung locker unter den heißen Reis mischen. Den Reis mit einem feuchten Tuch zudecken und fast ganz erkalten lassen.

5. Sesamsamen in einer Pfanne ohne Fett unter Wenden goldbraun rösten, herausnehmen und auf einen Teller geben.

6. Speiseöl in einer Pfanne erhitzen. Die Lachsfilets darin bei mittlerer Hitze auf jeder Seite etwa 2 Minuten sanft braten. Die Filets aus der Pfanne nehmen und abkühlen lassen.

7. Die Frühlingszwiebel putzen, abspülen, abtropfen lassen und in sehr feine Scheiben schneiden. Rettich und Ingwer schälen.

8. Rettich und Ingwer auf der feinen Seite der Haushaltsreibe raspeln. Die Raspel mit der Wasabipaste gut vermischen. Zuletzt die Frühlingszwiebelscheiben untermengen.

9. Das Norialgenblatt mit einer Küchenschere zuerst in etwa 2 cm breite Streifen und dann in etwa ½ cm dicke Stücke schneiden. Die Lachsfilets mit der Hand in sehr kleine Stücke zupfen.

10. Lachs- und Norialgenstückchen mit dem Reis mischen. Diese in 4 gleich große Portionen teilen. Ein großes Stück Frischhaltefolie auf eine Sushimatte legen. 1 Reisportion mit angefeuchteten Händen darauf verteilen und mithilfe der Sushimatte zu einer etwa 23 cm langen „dreieckigen Rolle" formen. Die Kanten von Hand nacharbeiten.

11. Aus den restlichen 3 Reisportionen auf die gleiche Weise 3 Rollen formen. Jede Rolle mit einem in kaltem Wasser getauchten, scharfen Messer in 8 Stücke schneiden.

12. Onigiri mit Sesamsamen bestreuen, mit der Rettich-Frühlingszwiebel-Mischung und Sojasauce servieren.

Onigiri mit Umeboshi-Paste und Tofu

Mit Alkohol

20 Stück

Pro Stück: E: 2 g, F: 2 g, Kh: 13 g, kJ: 316, kcal: 75, BE: 1,0

300 g Sushireis
450 ml Wasser
1 gestr. TL Salz
4 EL Reisessig
1 gestr. TL Zucker
½ gestr. TL Salz

50 g Tofu
2 EL Speiseöl, z. B. Maiskeimöl
1 TL Sojasauce
1 EL Mirin (japanischer Reiswein, der nur als Speisewürze verwendet wird)
1 EL Sake (japanischer Reiswein)
1 EL ungeschälter Sesamsamen
1 TL schwarzer Sesamsamen
5 EL Umeboshi-Paste oder gehackte Umeboshi-Früchte (aus dem Glas)

Nach Belieben zum Garnieren:
1–2 Frühlingszwiebeln

Zubereitungszeit: 35 Minuten, ohne Abkühlzeit
Garzeit: etwa 30 Minuten

1. Den Reis in ein Sieb geben und so lange unter fließendem kalten Wasser abspülen, bis das Wasser klar abläuft. Den Reis sehr gut abtropfen lassen.

2. Den Reis mit Wasser und Salz in einem Topf zum Kochen bringen. Den Reis zugedeckt bei schwacher Hitze etwa 20 Minuten köcheln lassen. Dann den Topf von der Kochstelle nehmen und den Reis noch etwa 10 Minuten ausquellen lassen.

3. Reisessig erwärmen. Zucker und Salz darin unter Rühren auflösen. Die Mischung locker unter den heißen Reis mischen. Den Reis mit einem feuchten Tuch zudecken und fast ganz erkalten lassen.

4. In der Zwischenzeit Tofu in 10 etwa 1 ½ cm große Würfel schneiden. Speiseöl in einer Pfanne erhitzen. Die Tofuwürfel darin rundherum bei starker Hitze goldbraun anbraten. Sojasauce, Mirin und Sake hinzugeben und ganz einkochen lassen. Tofuwürfel aus der Pfanne nehmen und danach auf einem Teller abkühlen lassen.

5. Beide Sorten Sesamsamen in einer Pfanne mischen, ohne Fett unter Wenden anrösten, herausnehmen und auf einen Teller geben.

6. Die Hälfte vom Reis abnehmen und in 10 gleich große Portionen teilen. 1 Reisportion auf der angefeuchteten Handfläche zu einem flachen Kreis ausbreiten. 1 Teelöffel der Umeboshi-Paste auf die Reismitte setzen, dann mit angefeuchteten Händen zu einem Bällchen formen (dabei vorsichtig drücken, damit nichts rausquetscht). Auf die gleiche Weise 9 weitere Reisbällchen zubereiten.

7. Den restlichen Reis ebenfalls in 10 gleich große Portionen teilen. Nacheinander jede Portion auf der angefeuchteten Handfläche zu einem flachen Kreis ausbreiten. Jeweils 1 Tofuwürfel in die Mitte setzen und mit angefeuchteten Händen zu Bällchen formen.

8. Nach Belieben zum Garnieren Frühlingszwiebeln abspülen, abtropfen lassen und das Frühlingszwiebelgrün abschneiden. Das Grün schräg in dünne Scheiben schneiden.

9. Jedes Tofubällchen mit 4 Frühlingszwiebelscheiben in Form einer Blüte garnieren. Die Umeboshi-Bällchen vorsichtig mit dem Sesamsamen bestreuen.

Beilage: Sojasauce und japanische Mixed-Pickles.

Tipp: Umeboshi-Paste erhalten Sie in Asialäden, asiatischen Spezialitätenabteilungen von Supermärkten oder Reformhäusern. Die Paste wird aus den Früchten des japanischen Aprikosenbaumes (Umebaum) hergestellt. Diese Früchte werden in Salz eingelegt und milchsauer vergoren. Rosafarben werden sie durch das erneute Einlegen der Früchte in Salz und purpurfarbenen Sishoblättern. Die eingelegten Früchte gelten als Spezialität und werden Umeboshi genannt.

Palak Paneer (Spinat mit Weichkäse indischer Art)

Raffiniert – dauert länger

4 Portionen

Pro Portion: E: 20 g, F: 47 g, Kh: 28 g, kJ: 2597, kcal: 621, BE: 2,0

Für den Weichkäse:

2 l	*frische Vollmilch (3,5 % Fett)*
4–6 EL	*Zitronensaft*
1 gestr. TL	*Salz*
750 g	*Babyspinat oder Blattspinat*
2	*kleine Zwiebeln*
2	*Knoblauchzehen*
20 g	*Ingwer*
etwa 2 EL	*Weizenmehl*
8 EL	*Sonnenblumenöl oder Ghee (geklärte Butter)*
1 EL	*Koriandersamen*
1 TL	*gem. Kreuzkümmel (Cumin)*
2 EL	*mildes Currypulver*
150 g	*Schlagsahne*

Zubereitungszeit: 45 Minuten
Zeit für die Käseherstellung: etwa 4 Stunden

1. Für den Weichkäse die Milch in einem Topf unter Rühren zum Kochen bringen. Den Topf von der Kochstelle nehmen. Zitronensaft und Salz in die Milch geben, dabei gelegentlich mit einem Kochlöffel rühren, bis die Milch gerinnt und sich die Molke absetzt. Die Molke sollte leicht gelb-grünlich sein.

2. Ein Durchschlag oder stabiles Sieb mit einem Küchentuch auslegen und die geronnene Milch hineingießen. Das Tuch leicht zusammendrehen und dabei möglichst viel Flüssigkeit auspressen. Das Ganze so etwa 1 ½ Stunden gut abtropfen lassen.

3. Dann den Käse im Tuch auf einen großen Teller oder ein Backblech legen und etwa 2 cm hoch verteilen. Den Käse mit einem weiteren Küchentuch bedecken und ein Küchenbrett darauflegen. Dieses mit Gewichten (z. B. Konservendose) gleichmäßig beschweren. Den Käse weitere etwa 1 ½ Stunden stehen lassen.

4. Spinat verlesen, putzen, gründlich abspülen und gut abtropfen lassen. Zwiebeln und Knoblauch abziehen und fein würfeln. Ingwer schälen und in kleine Würfel schneiden.

5. Den Käse (Paneer) in etwa 3–4 cm große Stücke schneiden. Das Mehl auf einen Teller geben und die Paneerstücke darin wenden.

6. Vom Sonnenblumenöl oder Ghee etwa 6 Esslöffel in einer großen Pfanne erhitzen. Die Paneerstücke darin rundherum goldbraun anbraten.

7. Inzwischen das restliche Öl oder das restliche Ghee in einem Wok oder großem Topf erhitzen. Den Koriandersamen darin leicht anrösten, den Kreuzkümmel und Curry unterrühren, bis es duftet.

8. Zwiebeln, Knoblauch und Ingwer hinzugeben, unter Rühren andünsten. Die Sahne hinzugießen und den Spinat untermischen. Den Spinat zugedeckt kurz zusammenfallen lassen und mit etwas Salz abschmecken. Dann den Spinat anrichten und den gebratenen Paneer darauf verteilen.

Beilage: Naan (indisches Fladenbrot) oder Basmatireis.

Pfannengerührtes Gemüse

Schnell

4 Portionen

Pro Portion: E: 5 g, F: 18 g, Kh: 11 g, kJ: 934, kcal: 223, BE: 0,5

200 g Hokkaido-Kürbis
225 g Aubergine
175 g Frühlingszwiebeln
175 g Pak-Choi-Stauden (Chinesischer Senfkohl)
4 Knoblauchzehen
5 EL Sonnenblumenöl
40 g geröstete, gesalzene Cashewkerne
6 Stängel Koriander
4 Minzeblätter
4 große Basilikumblätter
150 ml Hühner- oder Gemüsebrühe
4 EL Sojasauce
1 EL Fischsauce

Zubereitungszeit: 35 Minuten

1. Kürbis abspülen, abtrocknen und halbieren. Kerne und faserigen Innenteil entfernen. Kürbis evtl. schälen und in etwa 3 mm breite Scheiben schneiden.

2. Die Aubergine abspülen, abtropfen lassen und den Stängelansatz abschneiden. Aubergine längs halbieren und in etwa 2 cm breite Streifen schneiden.

3. Frühlingszwiebeln putzen, abspülen, abtropfen lassen, längs halbieren und in etwa 6 cm lange Stücke schneiden. Pak Choi putzen und in einzelne Blätter teilen. Die Blätter abspülen und abtropfen lassen.

4. Knoblauch abziehen und in sehr dünne Scheiben schneiden. 2 Esslöffel vom Sonnenblumenöl in einer kleinen Pfanne erhitzen. Die Knoblauchscheiben darin goldgelb rösten und beiseitestellen.

5. Cashewkerne grob hacken. Kräuter abspülen und trocken tupfen. Die Korianderblätter von den Stängeln zupfen. Die Blätter mit den Minze- und Basilikumblättern grob zerschneiden.

6. Restliches Sonnenblumenöl in einem Wok oder großen Pfanne erhitzen.

7. Die Kürbisscheiben, Auberginenstreifen und Frühlingszwiebelstücke darin evtl. in 2 Portionen bei starker Hitze unter Rühren kräftig anbraten.

8. Etwa ein Drittel der Brühe hinzugießen und diese ganz einkochen lassen. Diesen Vorgang noch zweimal wiederholen bis das Gemüse knackig-bissfest gegart ist. Dabei gelegentlich umrühren und die Sojasauce und Fischsauce dazugeben.

9. Zum Schluss die Pak-Choi-Blätter unterheben und kurz zusammenfallen lassen.

10. Beiseitegestelltes Öl mit den Knoblauchscheiben unterrühren. Das Gemüse mit Cashewkernen und Kräutern bestreut servieren.

Beilage: Klebreis.

Rezeptvariante: Für **pfannengerührtes Kurkuma-Gemüse** 500 g Möhren putzen, schälen, abspülen, abtropfen lassen und in schmale Streifen schneiden. 1 Fenchelknolle putzen, abspülen, abtropfen lassen, halbieren, erst in dünne Scheiben, dann in Streifen schneiden. 250 g Frühlingszwiebeln putzen, abspülen, abtropfen lassen, halbieren und in je 3 Stücke schneiden. 3 Esslöffel Sesamöl in einem Wok erhitzen. 1 Esslöffel gemahlene Kurkuma (Gelbwurz) einrühren. Möhren- und Fenchelstreifen hinzugeben und unter Rühren etwa 5 Minuten anbraten. Die Hitze reduzieren. 125 ml (1/8 l) Gemüsebrühe hinzugießen und das Gemüse mit 1–2 Teelöffeln Zitronensaft, Zucker, Salz und Pfeffer würzen. Die Frühlingszwiebelstücke hinzugeben und alles noch weitere etwa 2 Minuten garen. 1 Teelöffel Speisestärke mit 1 Esslöffel Reiswein anrühren, hinzufügen und einmal aufkochen lassen. Das Gemüse nochmals kräftig abschmecken.

Tipp: Kurkuma schmeckt brennend-würzig und leicht bitter. Oft wird gemahlene Kurkuma zur Herstellung von Gewürzmischungen wie z. B. Currypulvern verwendet. Wegen der stark gelb-färbenden Eigenschaften wird das Gewürz auch Gelbwurz genannt.

Pikante Röllchen mit Erdnüssen

(Zubereitung im Bambusdämpfer, Ø etwa 26 cm)
Beliebt
6 Portionen

Pro Portion: E: 34 g, F: 69 g, Kh: 16 g, kJ: 3546, kcal: 874, BE: 1,5

8 große Chinakohlblätter
1 rote Zwiebel
1 kleines Stück Ingwer
1 gelbe Paprikaschote
1 Topf Schnittlauch
300 g Schweinegehacktes
100 g geröstete Erdnüsse
Salz, gem. Pfeffer
2 EL Sojasauce

200 g Langkornreis
300 ml Fleischbrühe

Zubereitungszeit: 40 Minuten
Dämpfzeit: etwa 30 Minuten

1. Die Kohlblätter abspülen und abtropfen lassen. Eine große Pfanne oder einen Wok etwa 3 cm hoch mit Wasser füllen, das Wasser zum Kochen bringen. Die Kohlblätter in einen Dämpfeinsatz (dünn mit Speiseöl ausgestrichen) legen. Einsatz in die Pfanne oder den Wok stellen. Den Einsatz mit dem Deckel verschließen. Die Kohlblätter etwa 5 Minuten dämpfen, bis sie zusammenfallen. Pfanne oder Wok von der Kochstelle nehmen.

2. Zwiebel abziehen und fein würfeln. Ingwer schälen, abspülen, abtropfen lassen und in feine Würfel schneiden. Die Paprikaschote halbieren, entstielen, entkernen und die weißen Scheidewände entfernen. Schote abspülen, abtropfen lassen und in dünne Streifen schneiden. Schnittlauch abspülen, abtropfen lassen und in Röllchen schneiden.

3. Gehacktes mit Zwiebel- und Ingwerwürfeln, Erdnüssen und Schnittlauchröllchen vermengen. Die Masse mit Salz, Pfeffer und Sojasauce würzen. Chinakohlblätter nebeneinander auf die Arbeitsfläche legen. Die Gehacktesmasse und Paprikastreifen darauf verteilen. Kohlblätter von der kurzen Seite her fest aufrollen. Die Rollen mit der Naht nach unten in den Dämpfeinsatz legen.

4. Reis mit Brühe in eine hitzebeständige Schale geben. Die Schale in den zweiten Dämpfeinsatz stellen und den Einsatz mit dem Deckel verschließen. Wasser in der Pfanne oder dem Wok wieder zum Kochen bringen (evtl. Wasser nachfüllen). Dämpfeinsatz mit dem Reis hineinsetzen. Reis etwa 10 Minuten dämpfen, dann den Deckel vorsichtig abnehmen und den Reis mit einer Gabel auflockern.

5. Den Dämpfeinsatz mit den Röllchen daraufsetzen. Den Einsatz mit dem Deckel verschließen. Röllchen und Reis weitere etwa 15 Minuten dämpfen, evtl. vorsichtig heißes Wasser nachfüllen, dann noch etwa 5 Minuten ruhen lassen.

Tipps: Dazu eine fertige Chilisauce reichen. Die Schale für den Reis muss etwas kleiner sein als der Dämpfeinsatz, damit der Dampf zirkulieren kann.

Pute mit Ananas in Kokosmilch

(Römertopf® 3-Liter-Inhalt)

Dauert länger

4 Portionen

Pro Portion: E: 40 g, F: 17 g, Kh: 49 g, kJ: 2203, kcal: 528, BE: 4,0

600 g	*Putenbrustfilet*
	Salz, gem. Pfeffer
2 EL	*Speiseöl*
200 ml	*Milch*
50 g	*Kokoscreme*
je 1	*rote und grüne Peperoni*
einige Stängel	*Minze*
1 Stängel	*Zitronengras*
200 g	*Datteln (ohne Steine)*
400 g	*Ananaswürfel (von 1 frischen Ananas)*

Zubereitungszeit: 40 Minuten
Garzeit: etwa 45 Minuten

1. Putenbrustfilet kurz unter fließendem kalten Wasser abspülen, trocken tupfen und in Würfel schneiden. Mit Salz und Pfeffer würzen.

2. Speiseöl in einer Pfanne erhitzen. Die Fleischwürfel darin von allen Seiten anbraten und herausnehmen. Den Bratensatz mit Milch und Kokoscreme loskochen und etwa 2 Minuten einkochen lassen.

3. Peperoni längs aufschneiden und entkernen. Peperoni abspülen, trocken tupfen und in dünne Scheiben schneiden. Minze abspülen und trocken tupfen. Einige Zweige zum Garnieren beiseitelegen. Die restlichen Blättchen von den Stängeln zupfen. Zitronengras abspülen, trocken tupfen und längs halbieren. Datteln ebenfalls längs halbieren.

4. Ananaswürfel in eine Schüssel geben. Fleischwürfel, Peperonischeiben, Minzeblättchen, Zitronengras- und Dattelhälften hinzugeben und gut vermischen. Die Masse in einen gewässerten Römertopf® geben und mit der Braten-Kokos-Milch übergießen. Mit Salz und Pfeffer würzen.

5. Den Römertopf® mit dem Deckel verschließen und auf dem Rost in den kalten Backofen schieben.
Ober-/Unterhitze: etwa 200 °C (untere Schiene)
Heißluft: etwa 180 °C

6. Das Gericht etwa 45 Minuten garen und mit den beiseitegelegten Minzezweigen garniert servieren.

Putenbrust in Curry-Kokos-Milch

Für Gäste

4 Portionen

Pro Portion: E: 31 g, F: 34 g, Kh: 10 g, kJ: 1952, kcal: 470, BE: 0,5

450 g	Putenbrustschnitzel
3 Stängel	Zitronengras
2	Chilischoten
2 TL	Currypulver
1 TL	gem. Kreuzkümmel (Cumin)
1 gestr. TL	Salz
2	Knoblauchzehen
2 Stangen	Porree (Lauch)
1	rote Paprikaschote
6 EL	Sojaöl
400 ml	Kokosmilch
	Saft von
1	Limette
1 EL	kaltes Wasser
2 TL	Speisestärke

Zubereitungszeit: 40 Minuten

1. Putenbrustschnitzel kurz unter fließendem kalten Wasser abspülen, trocken tupfen und in feine Streifen schneiden. Von dem Zitronengras die losen Blätter entfernen und das obere Drittel abschneiden. Zitronengras abspülen, trocken tupfen und in hauchdünne Scheiben schneiden.

2. Chilischoten halbieren, entstielen und entkernen. Schotenhälften abspülen, trocken tupfen und in feine Würfel schneiden. Die Fleischstreifen mit Zitronengrasscheiben, Chiliwürfeln, Curry, Kreuzkümmel und Salz vermischen.

3. Knoblauch abziehen und in feine Würfel schneiden. Porree putzen, die Stangen längs halbieren, gründlich waschen und abtropfen lassen. Porreestangen in etwa 1 cm lange Stücke schneiden.

4. Paprikaschote halbieren, entstielen, entkernen und die weißen Scheidewände entfernen. Schotenhälften abspülen, abtropfen lassen, in Streifen schneiden.

5. Sojaöl in einem Wok erhitzen. Die Fleischstreifen darin unter Rühren anbraten. Knoblauchwürfel und Paprikastreifen hinzufügen und kurz mit anbraten.

6. Kokosmilch und Limettensaft hinzugießen, kurz aufkochen lassen. Dann Porreestücke unterrühren. Wasser mit Speisestärke verrühren, unterrühren und unter Rühren kurz aufkochen lassen. Putenbrust in Curry-Kokos-Milch anrichten und sofort servieren.

Beilage: Basmatireis.

Puten-Ramen mit Miso (Nudelsuppe japanischer Art)

Für Gäste

4 Portionen

Pro Portion: E: 30 g, F: 6 g, Kh: 32 g, kJ: 1281, kcal: 306, BE: 2,5

300 g Putenbrustfilet
125 g Shiitakepilze
150 g Chinakohl
50 g Baby-Spinatblätter
1/2 Blatt getrocknete Norialgen (erhältlich im Asialaden oder in Spezialitätenabteilungen von Supermärkten)
2 hart gekochte Eier
150 g Ramen (japanische Eiernudeln)
2 EL Speiseöl, z. B. Maiskeimöl
Salz
1/2 rote, geputzte Chilischote, in feine Ringe geschnitten
1 1/4 l Hühnerbrühe
3 EL Sojasauce

2 gut geh. EL Genmai-Miso (dunkles Miso, japanische Würzpaste aus Reis und Sojabohnen)

Zubereitungszeit: 40 Minuten

1. Das Putenbrustfilet kurz unter fließendem kalten Wasser abspülen, trocken tupfen und in etwa 1 cm dicke, kleine Schnitzel schneiden.

2. Von den Shiitakepilzen die Stängel abschneiden. Shiitakepilzköpfe einmal halbieren. Chinakohl putzen. Den Kohl vierteln, den Strunk herausschneiden. Kohl abspülen, abtropfen lassen und in mundgerechte Stücke schneiden.

3. Spinat verlesen, putzen, abspülen und gut abtropfen lassen. Das Noriblatt mit einer Küchenschere in etwa 2 x 8 cm große Streifen schneiden. Die Eier pellen und längs halbieren.

4. Die Nudeln nach Packungsanleitung kochen, abgießen und abtropfen lassen, evtl. zugedeckt warm stellen. Inzwischen das Speiseöl in einer Pfanne erhitzen. Die Putenschnitzel leicht salzen und darin von jeder Seite etwa 2 Minuten bei starker Hitze braten. Dann die Putenschnitzel aus der Pfanne nehmen.

5. Die Chiliringe mit der Hühnerbrühe und Sojasauce in einen Topf geben. Die Brühe zum Kochen bringen. Shiitakepilze, Chinakohl und Putenschnitzel hineingeben, etwa 2 Minuten köcheln lassen. Den Topf von der Kochstelle nehmen. Das Miso mit etwas heißer Brühe glatt rühren und dann in die Suppe rühren.

6. Die noch heißen Nudeln in 4 Suppenschalen verteilen und die Spinatblätter mit den Eierhälften darauflegen. Die heiße Brühe darauf verteilen und die Norialgen daraufstreuen. Die Suppe sofort servieren.

Reispapierröllchen, gefüllt

Dauert länger

4 Portionen

Pro Portion: E: 24 g, F: 13 g, Kh: 48 g, kJ: 1716, kcal: 408, BE: 3,5

50 g	*Glasnudeln*
2	*Rumpsteaks (je etwa 180 g)*
125 g	*Zwiebeln*
6 EL	*Speiseöl, z. B. Maiskeimöl*
	Salz
75 g	*Chinakohl*
200 g	*Möhren*
200 g	*Salatgurke*
100 g	*Römersalat*
je 3 Stängel	*Minze, Koriander und Basilikum*

Für die Nuoc-Cham-Sauce:

1	*große Knoblauchzehe*
½	*rote Chilischote*
5 EL	*Limettensaft*
3 EL	*Fischsauce*
3 EL	*Zucker*
3 EL	*Wasser*
	lauwarmes Wasser
12	*Reisteigblätter (Ø etwa 22 cm, erhältlich im Asialaden oder in Spezialitätenabteilungen von Supermärkten)*

Zubereitungszeit: 60 Minuten

1. Die Glasnudeln nach Packungsanleitung zubereiten und gut abtropfen lassen, mit der Küchenschere kleiner schneiden.

2. Rumpsteaks mit Küchenpapier trocken tupfen und in etwa ½ cm dicke Streifen schneiden. Die Zwiebeln abziehen, halbieren, in sehr feine Spalten schneiden.

3. Die Hälfte des Speiseöls in einer Pfanne erhitzen. Die Zwiebelspalten darin goldbraun braten, mit Salz würzen. Dann die Zwiebelspalten aus der Pfanne nehmen und erkalten lassen.

4. Das restliche Speiseöl in der Pfanne erhitzen. Die Fleischstreifen darin bei starker Hitze etwa 2 Minuten von allen Seiten kräftig anbraten, mit Salz würzen. Die Fleischstreifen erkalten lassen.

5. Den Chinakohl putzen, abspülen und gut abtropfen lassen. Chinakohl in etwa 8 cm lange, dünne Streifen schneiden.

6. Die Möhren putzen, schälen, abspülen und abtropfen lassen. Gurke schälen und die Enden abschneiden. Möhren und Salatgurke in etwa 8 cm lange, sehr feine Streifen schneiden.

7. Den Römersalat putzen, abspülen, gut abtropfen lassen und ebenfalls in etwa 8 cm lange Streifen schneiden. Minze, Koriander und Basilikum abspülen und trocken tupfen. Die Blättchen von den Stängeln zupfen. Blättchen grob hacken.

8. Für die Nuoc-Cham-Sauce den Knoblauch abziehen und fein hacken. Chilischotenhälfte entstielen und evtl. entkernen, abspülen, abtropfen lassen und ebenfalls fein hacken.

9. Knoblauch und Chili mit Limettensaft, Fischsauce, Zucker und Wasser verrühren. Die Sauce stehen lassen, bis sich der Zucker gelöst hat, dabei ab und zu umrühren.

10. Lauwarmes Wasser auf einen großen Teller gießen. Ein Reisteigblatt hineinlegen und kurz quellen lassen, bis es weich ist. Dann das Reisteigblatt auf ein feuchtes Küchentuch auf der Arbeitsfläche legen.

11. Etwas von den Glasnudeln in die Mitte des unteren Reisteigblattes legen. Einige Möhren-, Gurken-, Salat- und Rindfleischstreifen, Kräuter, Zwiebelspalten und Chinakohlstreifen zu einem Rechteck darauflegen.

12. Zuerst die Seiten des Reisteigblattes über die Füllung klappen und dann das Blatt von unten her fest aufrollen. Auf die gleiche Weise weitere 11 Röllchen zubereiten.

13. Jedes Röllchen mit einem scharfen Messer halbieren und mit der Sauce servieren.

Reispfanne mit Rührei, Schinken und Shrimps

Raffiniert

4 Portionen

Pro Portion: E: 25 g, F: 18 g, Kh: 46 g, kJ: 1861, kcal: 445, BE: 4,0

15 g getrocknete, chinesische Pilze, z. B. Mu-err-Pilze
200 g Reis
Salz
100 g TK-Erbsen
2 Eier (Größe M)
5 EL Speiseöl, z. B. Sonnenblumenöl
100 g Schweinefilet
100 g Kochschinken
100 g küchenfertige Shrimps
1 EL helle Sojasauce
1 Zwiebel
1 TL Currypulver
gem. Pfeffer

Zubereitungszeit: 45 Minuten, ohne Einweichzeit

1. Die Pilze nach Packungsanleitung einweichen. Den Reis in kochendem Salzwasser nach Packungsanleitung zubereiten.

2. Salzwasser zum Kochen bringen und die TK-Erbsen darin etwa 3 Minuten garen. Erbsen in einem Sieb abtropfen lassen und warm stellen. Die Eier mit etwas Salz leicht verschlagen.

3. Einen Esslöffel vom Speisöl in einem Wok erhitzen. Die verschlagenen Eier hinzugeben. Sobald die Masse zu stocken beginnt, sie losrühren. So lange weitererhitzen, bis keine Flüssigkeit mehr vorhanden ist. Das Rührei aus dem Wok nehmen und warm stellen.

4. Das Schweinefilet mit Küchenpapier trocken tupfen und in kleine Würfel schneiden. Schinken in Streifen schneiden.

5. Die eingeweichten Pilze abtropfen lassen, evtl. putzen und klein schneiden.

6. Zwei Esslöffel des restlichen Speiseöls in dem gesäuberten Wok erhitzen. Die Pilzstücke darin andünsten. Filetwürfel hinzugeben und etwa 5 Minuten unter Rühren anbraten. Schinkenstreifen hinzufügen und etwa 2 Minuten mitbraten lassen.

7. Die Shrimps unter fließendem kalten Wasser abspülen, trocken tupfen und zu den Filetwürfeln in den Wok geben, etwa 5 Minuten unter Rühren mitbraten. Fleisch-Shrimps-Mischung mit Sojasauce würzen. Die Fleisch-Shrimps-Mischung aus dem Wok nehmen und warm stellen.

8. Die Zwiebel abziehen und klein würfeln. Restliches Speiseöl in den Wok geben und erhitzen. Die Zwiebelwürfel darin glasig dünsten. Reis und Erbsen hinzugeben. Curry unterrühren und das Ganze kurz unter Rühren anbraten. Rührei und die Fleisch-Shrimps-Masse hinzugeben, unterrühren und kurz erwärmen. Die Reispfanne mit Salz und Pfeffer abschmecken.

Rendang (Indonesisches Rindercurry)

Für Gäste – dauert länger

6 Portionen

Pro Portion: E: 38 g, F: 55 g, Kh: 24 g, kJ: 3101, kcal: 744, BE: 2,0

100 g Zwiebeln
4 Knoblauchzehen
40 g Ingwer
40 g Galgant
1 rote Chilischote
4 Kaffir-Limettenblätter
1 EL gem. Kreuzkümmel
1 EL Kurkuma (Gelbwurz)
1 EL Currypulver (scharf oder mild, je nach Geschmack)
4 EL Paprikapulver edelsüß
3 EL Speiseöl, z. B. Maiskeimöl

1 kg Gulaschfleisch (vom Rind)
4 EL Speiseöl, z. B. Maiskeimöl
Salz
800 ml ungesüßte Kokosmilch
3 Stangen Zitronengras
200 g Salatgurke
8 Minzeblätter
100 g Krabbenchips (Kroepoek)
4–6 EL Sambal Oelek

Zubereitungszeit: 60 Minuten, ohne Durchziehzeit
Garzeit: 80–90 Minuten

1. Die Zwiebeln und Knoblauch abziehen. Ingwer und Galgant schälen. Zwiebeln, Knoblauch, Ingwer und Galgant würfeln. Chilischote entstielen, entkernen, abspülen, abtropfen lassen und kleiner schneiden.

2. Zwiebel, Knoblauch, Ingwer und Galgant zusammen mit Kaffirblättern, Kreuzkümmel, Kurkuma, Curry- und Paprikapulver und Öl in einem Blitzhacker fein hacken.

3. Das Gulaschfleisch mit Küchenpapier trocken tupfen, mit der Gewürzpaste in einer Schüssel mischen und zugedeckt etwa 24 Stunden im Kühlschrank durchziehen lassen.

4. Dann etwa die Hälfte des Speiseöls in einer großen Pfanne erhitzen. Etwa die Hälfte des Fleisches darin unter Wenden bei starker Hitze kräftig anbraten, mit Salz würzen. Das Fleisch in einen Bratentopf geben. Das restliche Fleisch auf die gleiche Weise mit dem restlichen Speiseöl anbraten und dann ebenfalls in den Topf geben.

5. Die Kokosmilch zum Fleisch gießen, zum Kochen bringen. Das Zitronengras abspülen, trocken tupfen, in etwa 5 cm lange Stücke schneiden und dazugeben. Das Curry zugedeckt 80–90 Minuten köcheln lassen, dabei gelegentlich umrühren.

6. Die Gurke waschen, abtrocknen oder schälen und die Enden abschneiden. Gurke in Scheiben schneiden. Minzeblätter abspülen, trocken tupfen und grob schneiden.

7. Das Zitronengras aus dem Curry entfernen. Das Curry mit Minze bestreuen und mit den Gurkenscheiben, Krabbenchips und Sambal Oelek servieren.

Beilage: Basmatireis.

Riesengarnelen-Reisnudel-Salat

Für Gäste

4 Portionen

Pro Portion: E: 35 g, F: 14 g, Kh: 62 g, kJ: 2168, kcal: 518, BE: 5,0

600 g	***TK-Riesengarnelen (ohne Kopf und Schale, entdarmt)***
200 g	***Reisnudeln, z. B. Bandreisnudeln***
2	***Knoblauchzehen***
40 g	***Ingwer***
4 EL	***Limettensaft***
75 ml	***Orangensaft***
50 ml	***Wasser***
2–3 EL	***brauner Zucker***
	Salz
	Cayennepfeffer
2	***rote Paprikaschoten (etwa 400 g)***
4 EL	***Sonnenblumenöl***
1 TL	***dunkles Sesamöl***
einige Stängel	***Basilikum***

Zubereitungszeit: 30 Minuten, ohne Auftauzeit

1. TK-Garnelen nach Packungsanleitung auftauen. Die Reisnudeln nach Packungsanleitung zubereiten und in einem Sieb abtropfen lassen.

2. In der Zwischenzeit Knoblauch abziehen und durch eine Knoblauchpresse drücken. Ingwer schälen und fein reiben.

3. Limetten-, Orangensaft und Wasser mit Zucker, Knoblauch und Ingwer verrühren, mit Salz und Cayennepfeffer würzen.

4. Paprikaschoten halbieren, entstielen, entkernen und die weißen Scheidewände entfernen. Schotenhälften abspülen, abtropfen lassen und in sehr dünne Streifen schneiden.

5. Garnelen kurz unter fließendem kalten Wasser abspülen, trocken tupfen und der Länge nach halbieren.

6. Zwei Esslöffel des Sonnenblumenöls in einer Pfanne erhitzen. Die Paprikastreifen darin bei starker Hitze etwa 2 Minuten anbraten. Garnelenhälften unterrühren. Zitrus-Dressing hinzugießen. Die Zutaten etwa 1 Minute kochen lassen.

7. Die Reisnudeln mit der Paprika-Garnelen-Mischung in einer großen Schüssel vermengen. Restliches Sonnenblumenöl mit Sesamöl verschlagen und unter den Salat heben. Den Salat nochmals mit den Gewürzen abschmecken.

8. Basilikum abspülen und trocken tupfen. Die Blättchen von den Stängeln zupfen. Blättchen grob schneiden und unter den Salat heben.

Rinderfilet auf Pak Choi

(Zubereitung im Topf mit Dämpfeinsatz, Ø etwa 24 cm)

Edel – für Gäste

4 Portionen

Pro Portion: E: 38 g, F: 13 g, Kh: 8 g, kJ: 1278, kcal: 303, BE: 0,5

1 Bund	*Zitronengras oder*
	2 EL gem. Zitronengras
1 kleines Stück	*Ingwer*
600 g	*Rinderfilet (Mittelstück)*
	Salz, gem. Pfeffer
	8 kleine Pak-Choi-Stauden (Chinesischer Senfkohl)
2 EL	*Sesamöl*
125 ml (1/8 l)	*Soja- oder Teriyakisauce*

Zubereitungszeit: 30 Minuten
Dämpfzeit: 30–35 Minuten

1. Zitronengras abspülen, abtropfen lassen und aufschlagen. Ingwer schälen, abspülen, abtropfen lassen und in Scheiben schneiden. Den Topf etwa 3 cm hoch mit Wasser füllen, aufgeschlagenes oder gemahlenes Zitronengras und Ingwerscheiben hinzufügen und zum Kochen bringen.

2. Rinderfilet mit Küchenpapier trocken tupfen, mit Salz und Pfeffer bestreuen. Filet in einen Dämpfeinsatz legen. Den Einsatz in den Topf hängen und mit einem Deckel verschließen. Wasser nur noch leicht köcheln lassen. Das Filet 20–25 Minuten dämpfen.

3. Pak Choi putzen, dabei die Stauden ganz lassen. Stauden abspülen und abtropfen lassen. Filet aus dem Dämpfeinsatz nehmen und warm stellen. 4 Pak-Choi-Stauden in den Dämpfeinsatz legen, mit einem Deckel verschließen und etwa 5 Minuten dämpfen. Stauden herausnehmen und warm stellen. Die restlichen Stauden auf die gleiche Weise zubereiten, evtl. heißes Wasser nachfüllen.

4. Sesamöl in einer Pfanne erwärmen. Die gedämpften Pak-Choi-Stauden hinzugeben und darin schwenken. Pak Choi mit Salz und Pfeffer würzen.

5. Rinderfilet in Scheiben schneiden, mit Pfeffer und Salz bestreuen. Das Filet mit Pak Choi und Soja- oder Teriyakisauce servieren.

Tipps: Anstelle von Pak Choi können Sie Mangold verwenden. Sie können dieses Rezept auch im Zwei-Etagen-Bambusdämpfer zubereiten. Dabei das Filet zuerst etwa 10 Minuten im Bambusdämpfer dämpfen. Das Gemüse im zweiten Einsatz daraufsetzen und bis zum Ende der Filetdämpfzeit mitdämpfen.

Rezeptvariante: Pak Choi mit Koriander-Pesto
(2 Portionen, Zubereitung im Bambusdämpfer, Ø etwa 26 cm) 60 g Pinien- oder Cashewkerne in einer Pfanne ohne Fett unter Rühren hellbraun rösten, dann abkühlen lassen. 8 Pak-Choi-Stauden putzen, abspülen und abtropfen lassen. Jeweils 4 Pak-Choi-Stauden in einen Dämpfeinsatz (dünn mit Speiseöl ausgestrichen) legen und mit dem Deckel verschließen. Eine große Pfanne oder einen Wok etwa 3 cm hoch mit Wasser füllen, Wasser zum Kochen bringen. Bambusdämpfer hineinsetzen und das Gemüse 4–6 Minuten dämpfen. 1 Knoblauchzehe abziehen und fein würfeln. 2 Bund Koriander abspülen, trocken tupfen, die Blättchen von den Stängeln zupfen. Die Blättchen mit Knoblauch und 100 ml Olivenöl pürieren. Pinien- oder Cashewkerne fein hacken, mit 60 g geriebenem Parmesan unter die pürierte Mischung rühren. Pesto mit Salz und Pfeffer würzen. Pak Choi nach Belieben salzen und mit dem Koriander-Pesto servieren.

Rindfleisch-Kokos-Curry

Dauert länger

4 Portionen

Pro Portion: E: 39 g, F: 46 g, Kh: 5 g, kJ: 2447, kcal: 586, BE: 0,5

2 Schalotten
1 kleines Stück Ingwer
2 Knoblauchzehen
2 rote Chilischoten
1 EL gem. Zitronengras

750 g Rindfleisch (zum Schmoren)
3 EL Speiseöl, z. B. Sonnenblumenöl
1 gestr. TL gem. Zimt
4 Sternanis
2 grüne Kardamomkapseln
400 ml Kokosmilch
1–2 kleine Lorbeerblätter
2 geh. EL Kokosraspel
1 TL Zucker
Salz

einige Korianderblättchen

Zubereitungszeit: 30 Minuten
Garzeit: etwa 75 Minuten

1. Schalotten abziehen und grob zerkleinern. Ingwer schälen und hacken. Knoblauch abziehen. Chilischoten halbieren, entstielen, entkernen, abspülen, abtropfen lassen und grob würfeln.

2. Die vorbereiteten Zutaten mit einem Pürierstab pürieren oder im Mörser zerstoßen. Das Zitronengras unterrühren.

3. Rindfleisch mit Küchenpapier trocken tupfen. Das Fleisch in kleine Würfel schneiden.

4. Das Speiseöl in einem Wok erhitzen. Schalotten-Gewürz-Mischung, Zimt, Sternanis und Kardamom hineingeben und etwa 3 Minuten unter Rühren bei schwacher Hitze (damit die Gewürze nicht verbrennen) dünsten.

5. Fleischwürfel unterrühren. Kokosmilch und Lorbeerblätter hinzufügen. Das Fleisch zugedeckt etwa 60 Minuten bei schwacher Hitze schmoren, dabei gelegentlich umrühren.

6. In der Zwischenzeit Kokosraspel in einer Pfanne ohne Fett goldbraun rösten und mit Zucker und Salz zu dem Fleisch geben. Das Fleisch weitere etwa 15 Minuten ohne Deckel garen. Nach Bedarf etwas Wasser oder Gemüsebrühe hinzugeben, wenn die Sauce zu stark einkocht.

7. Korianderblättchen abspülen und trocken tupfen. Vor dem Servieren die Lorbeerblätter aus dem Curry entfernen. Das Rindfleisch-Kokos-Curry mit Korianderblättern bestreut servieren.

Tipp: Als Beilage eignet sich Langkorn- oder Basmatireis, der mit etwas gehackter, roter Chilischote gekocht und zum Schluss mit gehackten Korianderblättern gewürzt wird.

Rot geschmorter Schweinebauch

Etwas deftiger – mit Alkohol

4 Portionen

Pro Portion: E: 35 g, F: 69 g, Kh: 16 g, kJ: 3547, kcal: 847, BE: 1,5

750 g Schweinebauch (mit Schwarte)
2 l Wasser
1 gestr. TL Salz
1 Lorbeerblatt
4 EL Speiseöl, z. B. Sonnenblumenöl
2 Sternanis
500 ml (½ l) Fleischbrühe
80 g süße Bohnenpaste
80 ml helle Sojasauce
2 EL Zucker
250 ml (¼ l) Reiswein
½ gestr. TL Salz
2 Frühlingszwiebeln
1 EL Sesamöl

Zubereitungszeit: 20 Minuten, ohne Abkühlzeit
Garzeit: etwa 40 Minuten

1. Den Schweinebauch kurz unter fließendem kalten Wasser abspülen und mit Wasser bedeckt in einem Topf zum Kochen bringen. Salz und Lorbeerblatt hinzufügen. Den Schweinebauch etwa 15 Minuten bei schwacher Hitze köcheln lassen.

2. Dann den Topf von der Kochstelle nehmen und den Schweinebauch in dem Sud etwa 30 Minuten abkühlen lassen.

3. Das Fleisch aus dem Sud nehmen, etwas abtropfen lassen und in mundgerechte Stücke schneiden.

4. Das Speiseöl in einem Wok erhitzen. Sternanis darin anbraten. Fleischbrühe, Bohnenpaste, Sojasauce, Zucker, Reiswein und Salz hinzugeben, unterrühren und etwa 5 Minuten kochen lassen.

5. Die Schweinebauchstücke hinzugeben und etwa 20 Minuten bei schwacher Hitze kochen, dabei soll die Sauce etwas einkochen.

6. Die Frühlingszwiebeln putzen, abspülen, abtropfen lassen und in Stücke schneiden. Die Frühlingszwiebelstücke mit in den Wok geben und kurz mitkochen.

7. Vor dem Servieren das Sesamöl in das Pfannengericht rühren und den rot geschmorten Schweinebauch servieren.

Beilage: Reis oder asiatische Nudeln.

Rote Currylinsen mit Hähnchenschenkeln

Preiswert

4 Portionen

Pro Portion: E: 40 g, F: 17 g, Kh: 59 g, kJ: 2343, kcal: 557, BE: 5,0

3 TL rote Currypaste
2 EL Tomatenketchup
1 TL flüssiger Honig
4 Hähnchenschenkel (je etwa 125 g)
Salz, gem. Pfeffer
1 EL Sesamöl

750 ml (¾ l) heiße Hühnerbrühe
500 g festkochende Kartoffeln
4–5 Stängel Koriander
250 g rote Linsen
1 Bio-Limette (unbehandelt, ungewachst)

Zubereitungszeit: 45 Minuten
Garzeit: etwa 30 Minuten

1. Die Currypaste mit Ketchup und Honig verrühren.

2. Hähnchenschenkel kurz unter fließendem kalten Wasser abspülen, trocken tupfen und halbieren. Die Hähnchenschenkel mit Salz und Pfeffer würzen und anschließend mit der Curry-Ketchup-Mischung bestreichen.

3. Sesamöl in einer Pfanne erhitzen. Die Hähnchenschenkel darin bei mittlerer Hitze braten, dabei die Hähnchenschenkel gelegentlich wenden.

4. Inzwischen die Brühe in einem Topf zum Kochen bringen. Kartoffeln schälen, abspülen, abtropfen lassen und in kleine, etwa 1 cm große Würfel schneiden. Kartoffelwürfel in die Brühe geben, zum Kochen bringen und etwa 10 Minuten kochen.

5. Koriander abspülen und trocken tupfen. Die Blättchen von den Stängeln zupfen (einige Blättchen zum Garnieren beiseitelegen). Blättchen grob zerschneiden.

6. Linsen in ein Sieb geben, abspülen, abtropfen lassen und zu den Kartoffelwürfeln geben. Die Zutaten wieder zum Kochen bringen. Korianderblättchen hinzugeben und alles weitere etwa 10 Minuten garen.

7. Limette heiß abwaschen, abtrocknen und halbieren. 1 Limettenhälfte auspressen, die andere Hälfte in feine Scheiben schneiden.

8. Currylinsen mit Limettensaft abschmecken, die Limettenscheiben hinzugeben. Die Currylinsen in 4 tiefen Tellern verteilen und jeweils 1 Hähnchenschenkel darauflegen, mit den beiseitegelegten Korianderblättchen garniert servieren.

Tipp: Currylinsen vor dem Servieren mit 2 Esslöffeln Crème fraîche verfeinern.

Rotes Hähnchencurry

Scharf

4 Portionen

Pro Portion: E: 47 g, F: 8 g, Kh: 4 g, kJ: 1160, kcal: 278, BE: 0,5

750 g Hähnchenbrustfilet
2 EL Speiseöl, z. B. Olivenöl
Salz
gem. Pfeffer
40 g rote Currypaste
200 ml Geflügelbrühe
10 Mini-Auberginen oder 1 große Aubergine (etwa 400 g)
2 EL Sojasauce

Nach Belieben zum Garnieren:

1 rote Chilischote
3 Stängel Zitronenthymian oder Koriander

Zubereitungszeit: 50 Minuten
Garzeit: etwa 25 Minuten

1. Hähnchenbrustfilet kurz unter fließendem kalten Wasser abspülen, trocken tupfen und dann in mundgerechte Stücke schneiden.

2. Speiseöl in einer Pfanne erhitzen. Die Hähnchenbrustfiletstücke evtl. in 2 Portionen von allen Seiten kräftig darin anbraten, mit Salz und Pfeffer bestreuen. Currypaste hinzufügen und unterrühren. Geflügelbrühe hinzugießen, zum Kochen bringen und unter gelegentlichem Rühren bei schwacher Hitze etwa 15 Minuten köcheln lassen.

3. Die Auberginen abspülen, trocken tupfen und die Stängelansätze abschneiden. Mini-Auberginen längs halbieren und vierteln. Die große Aubergine halbieren, vierteln und in größere Stücke schneiden. Auberginenstücke zu dem Hähnchencurry geben und weitere etwa 10 Minuten mitgaren lassen. Sojasauce unterrühren. Das Hähnchencurry mit Salz und Pfeffer abschmecken.

4. Nach Belieben zum Garnieren Chilischote entstielen, halbieren, entkernen, abspülen, trocken tupfen und in kleine Würfel schneiden. Kräuter abspülen und trocken tupfen. Die Blättchen von den Stängeln zupfen. Hähnchencurry vor dem Servieren mit Chiliwürfeln und Kräuterblättchen bestreuen.

Beilage: Langkornreis oder Fladenbrot.

Tipp: Wer die Schärfe von der Currypaste nicht gewohnt ist, sollte zunächst nur die Hälfte der angegebenen Menge verwenden.

Rotes Lammcurry

Für Gäste – gut vorzubereiten

6 Portionen

Pro Portion: E: 37 g, F: 22 g, Kh: 6 g, kJ: 1564, kcal: 374, BE: 0,5

1 EL	*Koriandersamen*
2 TL	*Kreuzkümmelsamen*
2	*Gewürznelken*
½	*zerbröselte Zimtstange*
1 kg	*Lammkeule (enthäutet, ohne Knochen)*
4 EL	*Speiseöl, z. B. Maiskeimöl*
350 g	*Gemüsezwiebeln*
2	*Knoblauchzehen*
1 Stück	*Ingwer*
2	*Kardamomkapseln*
2 EL	*Paprikapulver edelsüß*
1–2 TL	*gem. Zitronengras*
400 g	*geschälte Tomaten (aus der Dose)*
250 ml (¼ l)	*Kokosmilch*
500 ml (½ l)	*Wasser*
	Salz

Zubereitungszeit: 45 Minuten
Garzeit: etwa 90 Minuten

1. Koriander, Kreuzkümmel, Nelken und Zimt in einem Mörser zerstoßen. Lammkeule kurz unter fließendem kalten Wasser abspülen, trocken tupfen und in etwa 2 cm große Würfel schneiden.

2. Zwei Esslöffel des Speiseöls in einem Wok oder einer großen Pfanne mit hohem Rand erhitzen. Ein Drittel der Fleischwürfel darin von allen Seiten anbraten und herausnehmen. Wieder 1 Esslöffel Speiseöl in den Wok oder die Pfanne geben. Die Hälfte der restlichen Fleischwürfel hinzugeben, anbraten und herausnehmen. Restliche Fleischwürfel mit restlichem Speiseöl ebenso anbraten.

3. Zwiebeln und Knoblauch abziehen, fein würfeln. Den Ingwer schälen und fein würfeln. Zwiebel-, Knoblauch-, Ingwerwürfel, Kardamomkapseln, Paprikapulver und Zitronengras in den Wok oder die Pfanne geben, etwa 5 Minuten bei schwacher Hitze andünsten.

4. Dann die vorbereitete Gewürzmischung hinzugeben und 2–3 Minuten mitdünsten lassen. Das angebratene Fleisch, die Tomaten mit dem Saft, Kokosmilch und das Wasser hinzugeben. Mit Salz würzen, zum Kochen bringen. Das Curry bei schwacher Hitze ohne Deckel etwa 90 Minuten garen, bis das Fleisch weich ist, dabei gelegentlich umrühren. Zum Servieren das Curry nochmals mit den Gewürzen abschmecken.

Roti (Indisches Fladenbrot aus der Pfanne)

Einfach

4 Stück

Pro Stück: E: 7 g, F: 33 g, Kh: 38 g, kJ: 1977, kcal: 472, BE: 3,0

- *50 g Zwiebeln*
- *½ grüne Chilischote*
- *200 g Weizenmehl*
- *75 g Kokosraspel*
- *½ gestr. TL Salz*
- *150 ml lauwarmes Wasser*
- *8 EL Speiseöl, z. B. Sonnenblumenöl*

Zubereitungszeit: 40 Minuten

1. Zwiebeln abziehen und fein würfeln. Chilischotenhälfte entstielen, entkernen, abspülen, abtropfen lassen und fein würfeln. Mehl mit Kokosraspeln und Salz mischen. Zwiebel- und Chiliwürfel hinzugeben, alles nach und nach mit dem Wasser verkneten.

2. Den Teig in 4 Portionen teilen und jeweils zu einer Kugel formen. 1 Esslöffel des Speiseöls in einer Pfanne (Ø etwa 18 cm) bei mittlerer Hitze erhitzen. 1 Teigkugel in die Pfanne geben und mit einem Löffel zu einem etwa ½ cm dicken Fladen drücken.

3. Den Fladen von jeder Seite 4–5 Minuten hellbraun braten, dabei vor dem Wenden noch 1 Esslöffel Speiseöl in die Pfanne geben. Auf die gleiche Weise noch 3 weitere Fladenbrote zubereiten.

Tipp: Die Fladenbrote schmecken warm und kalt.

Satéspieße mit Erdnusssauce und Gurkensalat

Gartenpartytauglich

4 Portionen

Pro Portion: E: 57 g, F: 40 g, Kh: 14 g, kJ: 2670, kcal: 641, BE: 1,0

750 g Hähnchenbrustfilet
30 g Ingwer
2 Knoblauchzehen
1 gestr. TL Salz
je ½ TL gem. Kreuzkümmel (Cumin), Koriander, Kurkuma (Gelbwurz)
1 ½ TL brauner Zucker
100 ml Kokosmilch

Für die Erdnusssauce:

1 TL Erdnussöl
½ TL gelbe Currypaste
½ TL Chiliflocken
150 g feine Erdnussbutter
250 ml (¼ l) Kokosmilch
1 TL Zucker
1 gestr. TL Salz

Für den Gurkensalat:

1 große Salatgurke
½ rote Chilischote
1 EL Sojasauce
1 TL brauner Zucker
2 EL Weißweinessig
2–3 Stängel Koriander
1–2 EL Sesamöl

12 Holzspieße

Zubereitungszeit: 45 Minuten, ohne Marinierzeit

1. Hähnchenbrustfilet kurz unter fließendem kalten Wasser abspülen, trocken tupfen und längs in 3 lange Streifen schneiden. Fleischstreifen nochmals quer halbieren, sodass etwa 24 Streifen entstehen.

2. Den Ingwer schälen und in kleine Würfel schneiden. Knoblauch abziehen und ebenfalls klein würfeln. Ingwer- und Knoblauchwürfel in eine Rührschüssel geben. Salz, Gewürze und Zucker hinzugeben. Kokosmilch unterrühren. Die Fleischstreifen in die Marinade legen und mindestens 3 Stunden zugedeckt im Kühlschrank marinieren.

3. Die Fleischstreifen aus der Marinade nehmen, dabei die Marinade am Schüsselrand etwas abstreifen. Fleischstreifen spiralförmig auf Holzspieße stecken.

4. Für die Sauce Erdnussöl in einem Topf bei schwacher Hitze erhitzen. Currypaste und Chiliflocken darin unter Rühren aufschäumen lassen. Die Fleischmarinade und Erdnussbutter unterrühren. Kokosmilch hinzugießen. Die Sauce unter Rühren einmal aufkochen lassen. Sauce mit Zucker und Salz abschmecken.

5. Für den Salat die Gurke schälen und die Enden abschneiden. Die Gurke in feine Scheiben schneiden oder hobeln und in eine große Schüssel geben. Chilischotenhälfte entstielen, entkernen, abspülen und trocken tupfen. Schotenhälfte fein hacken und in einen Topf geben. Sojasauce, braunen Zucker und Essig hinzugeben und unter Rühren einmal aufkochen lassen. Den Topf von der Kochstelle nehmen. Die Marinade abkühlen lassen.

6. Koriander abspülen und trocken tupfen. Die Blättchen von den Stängeln zupfen. Blättchen klein schneiden. Sesamöl unter die abgekühlte Marinade schlagen. Koriander unterrühren. Die Salatsauce mit den Gurkenscheiben vermischen. Gurkensalat bis zum Servieren zugedeckt in den Kühlschrank stellen.

7. Den Backofengrill auf etwa 240 °C vorheizen.

8. Die Satéspieße auf ein Backblech (gefettet) legen und unter dem vorgeheizten Backofengrill von jeder Seite etwa 2 Minuten grillen. Oder die Spieße in eine Alugrillschale (gefettet) legen und auf dem heißen Grillrost von jeder Seite etwa 2 Minuten grillen.

9. Die Satéspieße mit der Erdnusssauce und dem Gurkensalat servieren.

Tipp: Holzspieße vor dem Aufspießen des Fleisches in kaltes Wasser legen. So lässt sich das Fleisch leichter aufspießen und sie verbrennen nicht beim Grillen.

Sauer-scharfe Nudel-Fischklößchen-Suppe

Etwas Besonderes

4 Portionen

Pro Portion: E: 11 g, F: 2 g, Kh: 34 g, kJ: 839, kcal: 200, BE: 2,5

60 g	*Ingwer*
250 g	*Pangasiusfilet*
1	*Eiswürfel*
1 EL	*Speisestärke*
1 EL	*Fischsauce*
150 g	*Pak-Choi-Stauden (Chinesischer Senfkohl)*
100 g	*Frühlingszwiebeln*
½–1	*rote Chilischote*
125 g	*feine Reis- oder Glasnudeln*
1 l	*Hühnerbrühe*
3 EL	*Reisessig, Salz*
6 Stängel	*Koriander*

Zubereitungszeit: 45 Minuten

1. Den Ingwer schälen und fein reiben. Das Fischfilet kurz unter fließendem kalten Wasser abspülen und mit Küchenpapier trocken tupfen. Fischfilet in etwa 2 cm große Würfel schneiden.

2. Die Fischfiletwürfel mit der Hälfte des Ingwers, dem Eiswürfel, der Speisestärke und Fischsauce im Blitzhacker sehr fein pürieren. Aus der Masse mit leicht angefeuchteten Händen 24 glatte Klößchen formen.

3. Pak Choi putzen und in einzelne Blätter teilen. Die Blätter abspülen und abtropfen lassen. Frühlingszwiebeln putzen, abspülen, abtropfen lassen und schräg in dünne Scheiben schneiden. Die Chilischote entstielen, abspülen, abtropfen lassen, in feine Ringe schneiden.

4. Die Reis- oder Glasnudeln nach Packungsanleitung zubereiten und gut abtropfen lassen.

5. In der Zwischenzeit die Hühnerbrühe mit Chili, restlichem Ingwer und Reisessig in einem Topf aufkochen. Die Fischklößchen hineingeben und bei schwacher Hitze in etwa 8 Minuten gar ziehen lassen (dabei sollte die Suppe nur noch leicht vor sich hin köcheln).

6. Pak Choi und Frühlingszwiebelscheiben in die Suppe geben und etwa 1 Minute mitgaren. Die Suppe evtl. mit Salz abschmecken. Koriander abspülen und trocken tupfen. Die Blättchen von den Stängeln zupfen. Die Blättchen grob zerschneiden.

7. Die Nudeln in 4 Suppenschälchen verteilen und mit der Suppe auffüllen. Mit Koriander bestreut servieren.

Saurer Reis

Vegetarisch

2–3 Portionen

Pro Portion: E: 12 g, F: 14 g, Kh: 93 g, kJ: 2299, kcal: 549, BE: 7,5

1	*rote Paprikaschote*
500 g	*Spitzkohl*
200 g	*abgetropfter, eingelegter Kürbis (aus dem Glas)*
2	*Knoblauchzehen*
20 g	*Ingwer*
3 EL	*Speiseöl, z. B. Sonnenblumenöl*
200 g	*Langkornreis*
400 ml	*Gemüsebrühe*
	Kürbisflüssigkeit (aus dem Glas)
	Salz, gem. Pfeffer
40 g	*brauner Zucker*
2–3 EL	*Balsamico-Essig*
	Sambal Oelek

Zubereitungszeit: 40 Minuten

1. Die Paprikaschote halbieren, entstielen, entkernen und die weißen Scheidewände entfernen. Schotenhälften abspülen, abtropfen lassen und in feine Streifen schneiden. Vom Spitzkohl die äußeren Blätter entfernen. Kohl vierteln, abspülen, abtropfen lassen und den Strunk herausschneiden. Kohlviertel in Streifen schneiden.

2. Von dem Kürbis die Flüssigkeit auffangen (die gesamte Flüssigkeit wird benötigt). Kürbisstücke evtl. klein schneiden. Knoblauch abziehen, Ingwer schälen.

3. Speiseöl in einem Wok erhitzen. Reis und Paprikastreifen hineingeben. Knoblauch und Ingwer durch die Knoblauchpresse drücken, hinzufügen und alles andünsten.

4. Gemüsebrühe und 2 Esslöffel von der Kürbisflüssigkeit hinzugeben, zum Kochen bringen. Kohlstreifen unterheben. Das Ganze zugedeckt 12–15 Minuten garen, dabei ab und zu umrühren.

5. Kürbis hinzufügen und erhitzen. Die Reismischung mit Salz und Pfeffer würzen, auf einer Platte anrichten und warm stellen.

6. Zucker im Wok schmelzen, mit der restlichen Kürbisflüssigkeit und Balsamico-Essig ablöschen, aufkochen lassen und mit Sambal Oelek würzen. Die Essigmischung über die Reismischung träufeln.

Scharfe China-Suppe

Schnell

4 Portionen

Pro Portion: E: 22 g, F: 15 g, Kh: 27 g, kJ: 1382, kcal: 329, BE: 2,0

1 Entenbrust (etwa 350 g)
1 TL Currypulver
30 g Ingwer
1 l Gemüsebrühe
1 Stange Porree (Lauch)
1 rote Paprikaschote
170 g abgetropfte Champignons (aus dem Glas)
200 g frische Ananaswürfel
100 g abgetropfte Bambussprossen, in Streifen (aus dem Glas)
100 g abgetropfte Sojasprossen (aus dem Glas)
50 g Glasnudeln
1 EL Speisestärke
2–3 EL Sojasauce
1 TL Sambal Oelek

Zubereitungszeit: 30 Minuten

1. Die Entenbrust kurz unter fließendem kalten Wasser abspülen und mit Küchenpapier trocken tupfen.

2. Die Haut von der Entenbrust abschneiden. Das Entenbrustfleisch in feine Streifen schneiden.

3. Die Haut in einem großen Topf ausbraten und herausnehmen. Dann die Entenfleischstreifen in dem Topf unter Rühren anbraten und mit Curry bestreuen. Ingwer schälen, fein würfeln und dazugeben.

4. Brühe hinzugießen und aufkochen. Porree putzen. Die Stange längs halbieren, gründlich waschen und abtropfen lassen. Porree in feine Streifen schneiden.

5. Paprikaschote halbieren, entstielen, entkernen und die weißen Scheidewände entfernen. Schotenhälften abspülen, abtropfen lassen und in sehr kleine Würfel schneiden.

6. Porreestreifen, Paprikawürfel, Champignons, Ananaswürfel, Bambus- und Sojasprossen in die Suppe geben.

7. Die Glasnudeln nach Packungsanleitung zubereiten. Speisestärke mit Sojasauce verrühren, in die Suppe rühren, aufkochen lassen und 2–3 Minuten köcheln lassen.

8. Die Suppe mit Sambal Oelek abschmecken. Die Glasnudeln in mundgerechte Stücke schneiden und vor dem Servieren in die Suppe geben.

Scharfe Tofuwürfel mit Wasserkastanien

Mit Alkohol

4 Portionen

Pro Portion: E: 18 g, F: 22 g, Kh: 18 g, kJ: 1589, kcal: 380, BE: 1,0

325 g Tofu
2 TL Sambal Oelek
1 TL Currypulver
2 Knoblauchzehen
10 g Ingwer
1 Bund Frühlingszwiebeln
200 g Mungobohnensprossen
170 g abgetropfte Wasserkastanien (aus der Dose)
6 EL Sojaöl
250 ml (1/4 l) Reiswein
1 EL Sojabohnenpaste (erhältlich im Asialaden)
2 TL Speisestärke
1 EL kaltes Wasser
1 TL Zucker

Zubereitungszeit: 35 Minuten

1. Tofu abtropfen lassen, trocken tupfen und in etwa 1 cm große Würfel schneiden. Tofuwürfel mit Sambal Oelek und Curry vermischen.

2. Knoblauch abziehen und Ingwer schälen. Knoblauch und Ingwer in feine Würfel schneiden. Frühlingszwiebeln putzen, abspülen, abtropfen lassen und in etwa 2 cm breite Stücke schneiden. Mungobohnensprossen in ein Sieb geben, abspülen und abtropfen lassen. Die Wasserkastanien halbieren.

3. Das Sojaöl in einem Wok erhitzen. Die Tofuwürfel darin von allen Seiten anbraten. Mungobohnensprossen, Knoblauch- und Ingwerwürfel unterrühren, kurz mitbraten lassen. Kastanienhälften unterrühren und Reiswein hinzugießen. Die Zutaten kurz aufkochen lassen, Sojabohnenpaste unterrühren.

4. Frühlingszwiebelstücke in den Wok geben und unterrühren. Speisestärke mit Wasser anrühren und unter die Tofupfanne rühren. Die Tofupfanne mit Zucker abschmecken. Die scharfen Tofuwürfel mit Wasserkastanien anrichten und sofort servieren.

Tipps: Dazu Duftreis servieren. Statt Reiswein kann auch Gemüsebrühe verwendet werden.

Scharfer, gebratener Tofu mit Möhren-Rettich-Relish

Vegetarisch

4 Portionen

Pro Portion: E: 20 g, F: 22 g, Kh: 19 g, kJ: 1501, kcal: 358, BE: 1,5

225 g Möhren
1 gestr. TL Salz
300 g Rettich
25 g Ingwer
2 EL Reisessig
2 EL Zucker

Für die Sauce:

½–1 rote Chilischote
2 Knoblauchzehen
2 EL Reisessig
1 EL Kurkuma (Gelbwurz)
4 EL Pilzsauce
2 EL Sojasauce
450 g Tofu
6 EL Speiseöl, z. B. Maiskeimöl

Zubereitungszeit: 45 Minuten, ohne Durchziehzeit

1. Die Möhren putzen, schälen, abspülen, abtropfen lassen und grob raspeln. Die Möhrenraspel mit Salz mischen, zugedeckt etwa 2 Stunden stehen lassen.

2. Den Rettich putzen, schälen, abspülen, abtropfen lassen und ebenfalls grob raspeln. Den Ingwer schälen und fein reiben. Möhren und Rettich mit Reisessig, Zucker und Ingwer mischen. Relish evtl. nochmals mit Salz abschmecken.

3. Für die Sauce Chilischote entstielen, halbieren, abspülen, abtropfen lassen und fein hacken. Knoblauch abziehen, fein hacken. Chili und Knoblauch mit Reisessig, Kurkuma, Pilz- und Sojasauce mischen.

4. Tofu zuerst in etwa 1 ½ cm dicke Scheiben, dann in 12 jeweils etwa 5 x 8 cm große Stücke schneiden. Jedes Stück auf einer Seite mehrmals der Länge nach quer mit einem Messer leicht einritzen.

5. Jeweils die Hälfte des Speiseöls am besten in zwei großen Pfannen erhitzen. Die Tofustücke bei mittlerer Hitze auf jeder Seite goldbraun braten. Dann die Sauce hinzugeben und etwa 1 Minute etwas dickflüssig einkochen lassen. Tofu mit dem Relish servieren.

Beilage: Duftreis.

Schupfnudeln mit Asia-Gemüse und Garnelen

Schnell

2–3 Portionen

Pro Portion: E: 28 g, F: 24 g, Kh: 77 g, kJ: 2678, kcal: 635, BE: 6,5

400 g TK-Asia-Gemüse
200 g Garnelen (entdarmt, ohne Kopf und Schale)
1–2 EL Olivenöl
Salz, gem. Pfeffer
gem. Ingwer
20 g Butter oder Ghee (geklärte Butter)
500 g frische Schupfnudeln (aus dem Kühlregal)
2 EL Sojasauce
Fünf-Gewürze-Pulver

Zubereitungszeit: 30 Minuten

1. Gemüse nach Packungsanleitung in einer Pfanne zubereiten. Das Gemüse aus der Pfanne nehmen und zugedeckt warm stellen.

2. Garnelen kurz unter fließendem kalten Wasser abspülen und trocken tupfen.

3. Olivenöl in einer großen Pfanne erhitzen. Die Garnelen hinzugeben und unter Wenden darin anbraten, mit Salz, Pfeffer und Ingwer würzen. Butter oder Ghee mit in die Pfanne geben und zerlassen. Die Schupfnudeln hinzufügen und unter gelegentlichem Rühren darin nach Packungsanleitung braten.

4. Das Asia-Gemüse mit in die Pfanne geben. Sojasauce unterrühren. Die Schupfnudelpfanne mit Fünf-Gewürze-Pulver und Ingwer abschmecken und servieren.

Tipp: Das Gericht vor dem Servieren zusätzlich mit süßsaurer Asiasauce abschmecken.

Schweinecurry mit Porree

Für Gäste

4 Portionen

Pro Portion: E: 46 g, F: 15 g, Kh: 12 g, kJ: 1529, kcal: 366, BE: 1,0

750 g	*Schweinefilet*
2–3	*Zwiebeln (etwa 125 g)*
1	*gelbe Paprikaschote (200 g)*
1 kg	*Porree (Lauch)*
4 EL	*Speiseöl, z. B. Sonnenblumenöl*
1 geh. EL	*Currypulver*
	Salz
etwa 7 EL	*Orangensaft*
2	*Knoblauchzehen*
30 g	*Ingwer*

Zubereitungszeit: 30 Minuten
Garzeit: 10–15 Minuten

1. Schweinefilet mit Küchenpapier trocken tupfen und in Streifen schneiden.

2. Die Zwiebeln abziehen, halbieren und in Streifen schneiden. Paprikaschote halbieren, entstielen, entkernen und die weißen Scheidewände entfernen. Schotenhälften abspülen, abtropfen lassen und in Streifen schneiden.

3. Porree putzen. Die Stangen längs halbieren, gründlich waschen und abtropfen lassen. Porree in dünne Stücke schneiden.

4. Das Speiseöl in einer großen Pfanne erhitzen. Filet- und Zwiebelstreifen darin portionsweise unter Wenden anbraten. Curry unterrühren, kurz durchbraten lassen (Curry darf nicht zu dunkel werden), mit Salz würzen.

5. Den Orangensaft hinzufügen. Knoblauch abziehen. Ingwer schälen. Knoblauch und Ingwer zu dem Fleisch in die Pfanne geben. Paprikastreifen und Porreestücke unterrühren. Das Schweinecurry in 10–15 Minuten gar schmoren lassen. Das Curry nochmals mit den Gewürzen abschmecken und servieren.

Beilage: Reis oder asiatische Weizennudeln.

Schweinefleisch auf chinesische Art

Gut vorzubereiten

4 Portionen

Pro Portion: E: 30 g, F: 18 g, Kh: 29 g, kJ: 1674, kcal: 400, BE: 2,0

400 g Schweineschnitzel
2 EL Sojasauce
1 TL mittelscharfer Senf
1 EL Schlagsahne
1 TL Speiseöl, z. B. Sesamöl
10 g getrocknete Mu-err-Pilze
500 g Porree (Lauch)
2 Stangen Staudensellerie
100 g Glasnudeln
5 EL Speiseöl, z. B. Sesam- oder Sonnenblumenöl
Salz
gem. Pfeffer
1–2 EL Sojasauce
175 g abgetropfte Sojabohnensprossen (aus dem Glas)
175 g abgetropfte Bambussprossen, in Streifen (aus dem Glas)
125 ml (1/8 l) Fleischbrühe
2 EL Sojasauce

Zubereitungszeit: 50 Minuten, ohne Einweichzeit

1. Schweineschnitzel mit Küchenpapier trocken tupfen und in dünne Streifen schneiden. Sojasauce mit Senf, Sahne und Speiseöl verrühren, mit den Fleischstreifen vermischen.

2. Pilze in eine Schüssel geben, mit kochend heißem Wasser übergießen und nach Packungsanleitung einweichen.

3. Porree putzen, die Stangen längs halbieren, gründlich waschen, abtropfen lassen und in dünne Streifen schneiden.

4. Den Staudensellerie putzen und die harten Außenfäden abziehen. Sellerie abspülen, abtropfen lassen und in Streifen schneiden.

5. Die Glasnudeln nach Packungsanleitung zubereiten. Pilze in einem Sieb abtropfen lassen, evtl. putzen und in kleine Stücke schneiden.

6. Drei Esslöffel des Speiseöls in einem Wok oder einer großen Pfanne erhitzen. Die Fleischstreifen darin in 2 Portionen jeweils etwa 3 Minuten braten und herausnehmen. Mit Salz, Pfeffer und Sojasauce würzen.

7. Das restliche Speiseöl in dem Wok oder der Pfanne erhitzen. Das Gemüse und die Pilze darin unter Rühren etwa 5 Minuten dünsten. Fleischstreifen hinzugeben und unterrühren. Die Fleischbrühe und Sojasauce hinzugießen, vorsichtig durchrühren und erhitzen.

8. Die Glasnudeln mit einer Schere in mundgerechte Stücke schneiden und unterrühren. Das Gericht mit etwas Salz und Pfeffer abschmecken.

Tipp: Wenn Sie mögen, servieren Sie zusätzlich noch Reis dazu und garnieren Sie das Ganze mit frischen Kräuterblättchen (z. B. Petersilie oder Koriander).

Schweinefleisch süßsauer

Fruchtig-pikanter Genuss

4 Portionen

Pro Portion: E: 30 g, F: 8 g, Kh: 15 g, kJ: 1079, kcal: 258, BE: 1,0

500 g mageres Schweinefleisch, z. B. Schnitzelfleisch

Für die Marinade:

2 TL Speisestärke
2 EL helle Sojasauce
1 EL Zitronensaft

3 Möhren
2 kleine Stangen Staudensellerie
2–3 Frühlingszwiebeln
1 Bio-Orange (unbehandelt, ungewachst)
3–4 Stängel Koriander
2 EL Speiseöl, z. B. Maiskeimöl
Sojasauce
1 TL flüssiger Honig
einige Spritzer Zitronensaft

Zubereitungszeit: 40 Minuten, ohne Durchziehzeit

1. Schweinefleisch mit Küchenpapier trocken tupfen und würfeln. Für die Marinade Speisestärke mit Sojasauce und Zitronensaft verrühren. Die Fleischwürfel mit der Marinade vermischen und 20–30 Minuten ziehen lassen.

2. Die Möhren putzen, schälen, abspülen, abtropfen lassen, längs halbieren und in Scheiben schneiden. Staudensellerie putzen und die harten Außenfäden abziehen. Die Stangen abspülen, abtropfen lassen und in dünne Streifen schneiden. Frühlingszwiebeln putzen, abspülen, abtropfen lassen und in Scheiben schneiden.

3. Die Orange heiß abwaschen, abtrocknen und etwas Schale mit der Küchenreibe abreiben. Die restliche Schale mit einem scharfen Messer so schälen, dass die weiße Haut mitentfernt wird. Die Orangenfilets herausschneiden.

4. Koriander abspülen und trocken tupfen. Die Blättchen von den Stängeln zupfen. Blättchen klein schneiden. Speiseöl in einem Wok erhitzen. Die Fleischwürfel mit der Marinade darin unter ständigem Rühren anbraten. Möhrenscheiben, Selleriestreifen und Frühlingszwiebelscheiben hinzugeben und 5–8 Minuten garen. Dabei immer wieder umrühren. Gegen Ende der Garzeit Orangenfilets mit abgeriebener Orangenschale und Koriander unterheben. Das Schweinfleisch süßsauer mit Sojasauce, Honig und Zitronensaft abschmecken.

Beilage: Reis oder chinesische Nudeln.

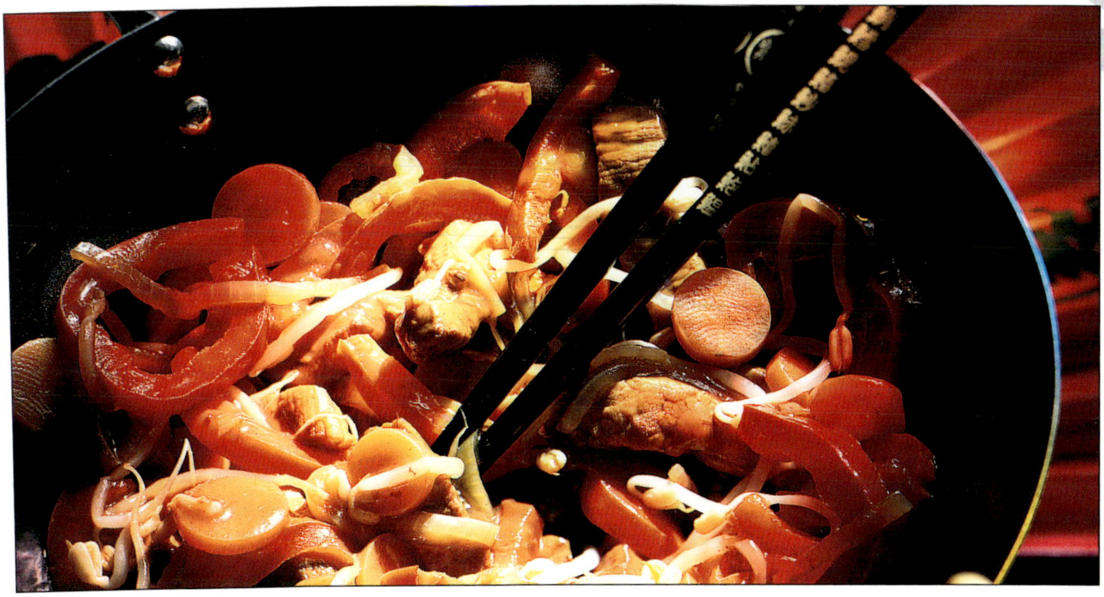

Schweinefleisch-Gemüse-Pfanne mit Sprossen

Raffiniert – mit Alkohol

2–3 Portionen

Pro Portion: E: 46 g, F: 17 g, Kh: 34 g, kJ: 2033, kcal: 486, BE: 2,5

400 g	*Schweineschnitzel*
3 EL	*Speiseöl*
	Salz
	gem. Pfeffer
1	*Gemüsezwiebel (etwa 300 g)*
2–3	*Knoblauchzehen*
500 g	*Möhren*
2	*rote Paprikaschoten (etwa 400 g)*
150 ml	*Gemüsebrühe*
1–2 TL	*Speisestärke*
1 Msp.	*Fünf-Gewürze-Pulver*
3–4 EL	*Sojasauce*
175 g	*abgetropfte Sojabohnensprossen (aus dem Glas)*
1–2 EL	*trockener Sherry*

Zubereitungszeit: 40 Minuten

1. Schweineschnitzel mit Küchenpapier trocken tupfen und in Streifen schneiden. Speiseöl in einem Wok erhitzen. Die Fleischstreifen darin 6–8 Minuten von allen Seiten anbraten, herausnehmen, mit Salz und Pfeffer würzen.

2. Zwiebel abziehen, vierteln und in Streifen schneiden. Knoblauch abziehen und durch eine Knoblauchpresse drücken. Möhren putzen, schälen, abspülen, abtropfen lassen und in dünne Scheiben schneiden. Paprikaschoten halbieren, entstielen, entkernen und die weißen Scheidewände entfernen. Schotenhälften abspülen, abtropfen lassen und in sehr feine Streifen schneiden.

3. Zwiebelstreifen und Knoblauch in dem verbliebenen Bratfett etwa 5 Minuten unter Rühren anbraten. Die Paprikastreifen und Möhrenscheiben hinzugeben, unter Rühren etwa 3 Minuten mitbraten lassen. Brühe hinzugießen. Das Gemüse zugedeckt etwa 5 Minuten bei mittlerer Hitze garen.

4. Speisestärke mit Fünf-Gewürze-Pulver und Sojasauce verrühren, zum Gemüse geben und unter Rühren aufkochen lassen. Die Fleischstreifen mit den Sojabohnensprossen hinzugeben und erhitzen. Die Fleisch-Gemüse-Pfanne mit Salz, Pfeffer und Sherry abschmecken.

Beilage: Reis oder Spaghettini (4-Minuten-Spaghetti).

Schweinerippchen mit Pflaumensauce

Gut vorzubereiten

4 Portionen

Pro Portion: E: 34 g, F: 40 g, Kh: 26 g, kJ: 2534, kcal: 606, BE: 2,0

1 ½ kg	*Schweinerippchen (Dicke Rippe, in Portionsstücke geteilt)*
etwa 1 ½ l	*Wasser*
2 gestr. TL	*Salz*
1	*Zwiebel*
1	*Knoblauchzehe*
1	*rote Chilischote*
1 EL	*Speiseöl*
100 g	*entsteinte Backpflaumen*
500 ml (½ l)	*Orangensaft*
1 EL	*Tomatenmark*
25 ml	*Sojasauce*
25 ml	*Austernsauce*

Zubereitungszeit: 30 Minuten, ohne Durchziehzeit
Garzeit: etwa 60 Minuten

1. Schweinerippchen kurz unter fließendem kalten Wasser abspülen, trocken tupfen und in einen großen Topf legen. Wasser und Salz hinzufügen.

2. Das Wasser zum Kochen bringen. Die Rippchen zugedeckt etwa 50 Minuten bei schwacher Hitze kochen lassen, bis das Fleisch weich ist.

3. Inzwischen Zwiebel und Knoblauch abziehen, klein würfeln. Chilischote halbieren, entstielen, entkernen, abspülen, trocken tupfen und fein hacken.

4. Das Speiseöl in einem Topf erhitzen. Zwiebel- und Knoblauchwürfel darin glasig dünsten. Chilistückchen, Backpflaumen, Orangensaft, Tomatenmark, Sojasauce und Austernsauce hinzugeben. Die Sauce zum Kochen bringen und etwa 15 Minuten kochen lassen. Dann die Sauce mit einem Stabmixer fein pürieren.

5. Die Rippchen aus dem Topf nehmen und in eine Schüssel legen. Die Pflaumensauce auf den Rippchen verteilen, die Rippchen erkalten lassen und zugedeckt mindestens 8 Stunden im Kühlschrank durchziehen lassen.

6. Den Backofengrill auf etwa 240 °C vorheizen.

7. Die Rippchen aus der Pflaumensauce nehmen und am Schüsselrand abstreifen. Die Rippchen auf einem Backofenrost verteilen und auf dem Rost unter den vorgeheizten Backofengrill (untere Einschubleiste) schieben. Eine Fettpfanne darunterstellen.

8. Die Schweinerippchen von jeder Seite etwa 5 Minuten grillen.

9. In der Zwischenzeit die Pflaumensauce in einen Topf geben und aufkochen lassen. Die Rippchen auf eine Servierplatte legen. Die Pflaumensauce dazureichen.

Tipps: Sie können die Rippchen auch auf dem Holzkohlegrill grillen. Für eine Party können Sie die Zutaten gut verdoppeln oder verdreifachen.

Sesam-Möhren-Hähnchen

Raffiniert

4 Portionen

Pro Portion: E: 41 g, F: 29 g, Kh: 25 g, kJ: 2284, kcal: 545, BE: 2,0

600 g Hähnchenbrust
1 Knoblauchzehe
1 EL Austernsauce
1–2 EL Sojasauce
1 TL Sesamöl

750 g Möhren
50 g Sesamsamen
2 EL Speiseöl, z. B. Sonnenblumenöl
Salz
Zucker
2 EL Speiseöl, z. B. Sonnenblumenöl
100 ml Sweet Chilisauce
50 ml Austernsauce
40 ml Sesamöl

Zubereitungszeit: 45 Minuten, ohne Marinierzeit

1. Hähnchenbrust kurz unter fließendem kalten Wasser abspülen, trocken tupfen, in kleine Würfel schneiden. Fleischwürfel in eine Schüssel geben. Knoblauch abziehen, klein schneiden und auf die Fleischwürfel geben. Austern-, Sojasauce und das Sesamöl darauf verteilen und mit den Fleischwürfeln gut vermischen. Die Fleischwürfel etwa 1 Stunde zugedeckt im Kühlschrank marinieren.

2. Die Möhren putzen, schälen, abspülen, abtropfen lassen, halbieren und in Stifte schneiden.

3. Sesam in einer großen Pfanne bei mittlerer Hitze unter Rühren anrösten, herausnehmen und auf einen Teller geben.

4. Speiseöl in der Pfanne erhitzen. Die Möhrenstifte darin etwa 2 Minuten unter Rühren anbraten. Die Möhren mit Salz und 1 Prise Zucker bestreuen und herausnehmen.

5. Speiseöl in der Pfanne erhitzen. Die Fleischwürfel darin evtl. portionsweise unter Rühren anbraten. Pro Portion nur so viel Fleischwürfel in die Pfanne legen, dass der Pfannenboden knapp bedeckt ist. Die angebratenen Fleischwürfelportionen auf den Möhrenstiften verteilen.

6. Sweet Chilisauce, Austernsauce und Sesamöl in einem großen, breiten Topf erhitzen. Die Möhrenstifte und Fleischwürfel hinzugeben, unter Rühren einmal kurz aufkochen. Möhren-Hähnchen mit Salz würzen.

Suppe mit Eierblumen

Klassisch

4 Portionen

Pro Portion: E: 7 g, F: 5 g, Kh: 4 g, kJ: 374, kcal: 89, BE: 0,0

- *3 Tomaten*
- *50 g Zuckerschoten*
- *3 Eier (Größe M)*
- *1 l Gemüsebrühe*
- *1 ½ gestr. TL Salz*
- *gem. Pfeffer*
- *1 TL Sesamöl*

Zubereitungszeit: 25 Minuten

1. Die Tomaten kreuzweise einschneiden und mit kochendem Wasser übergießen. Nach 1–2 Minuten herausnehmen und mit kaltem Wasser abschrecken. Tomaten enthäuten, halbieren und die Stängelansätze herausschneiden. Tomaten in Scheiben schneiden.

2. Zuckerschoten putzen und die Enden abschneiden, evtl. abfädeln. Die Schoten abspülen und abtropfen lassen. Eier verschlagen.

3. Brühe in einem Wok zum Kochen bringen. Tomatenscheiben hineingeben, aufkochen lassen. Salz, Pfeffer und Sesamöl hinzugeben, nochmals kurz aufkochen lassen, den Wok von der Kochstelle nehmen.

4. Die verschlagenen Eier langsam in die Suppe einlaufen lassen und warten, bis die Eierblumen nach oben steigen. Dann die Zuckerschoten hineingeben. Die Suppe zugedeckt etwa 1 Minute ziehen lassen.

Tipp: Wenn Ihnen die Zuckerschoten bei dieser Zubereitung zu knackig sind, können Sie diese auch kurz in kochendem Salzwasser blanchieren.

Suppe mit Norialgen und Schweinenacken

Etwas Besonderes – mit Alkohol

4 Portionen

Pro Portion: E: 21 g, F: 19 g, Kh: 3 g, kJ: 1200, kcal: 287, BE: 0,5

400 g	*Schweinenacken (ohne Knochen)*
10 g	*Ingwer*
1 1/2 l	*Fleischbrühe*
4 Blätter	*getrocknete Norialgen (erhältlich im Asialaden oder in Spezialitätenabteilungen von Supermärkten)*
1 l	*Wasser*
125 ml (1/8 l)	*Reiswein*
125 ml (1/8 l)	*Kokosmilch*
1 gestr. TL	*Salz*

Zubereitungszeit: 20 Minuten
Garzeit: etwa 65 Minuten

1. Den Schweinenacken kurz unter fließendem kalten Wasser abspülen, trocken tupfen und in mundgerechte kleine Scheiben schneiden. Ingwer schälen und in Scheiben schneiden.

2. Fleischbrühe in einem Wok zum Kochen bringen. Zuerst Ingwer in die Brühe geben, dann die Fleischscheiben hinzugeben, zugedeckt etwa 60 Minuten köcheln lassen.

3. In der Zwischenzeit die Norialgenblätter im Wasser 10–20 Minuten einweichen, herausnehmen und abtropfen lassen.

4. Norialgenblätter, Reiswein, Kokosmilch und Salz zur Suppe geben und unterrühren. Die Suppe weitere etwa 5 Minuten kochen lassen. Suppe sofort servieren.

Sushi mit Omelett und Soja-Auberginen

Vegetarisch – mit Alkohol

24 Stück

Pro Stück: E: 3 g, F: 4 g, Kh: 14 g, kJ: 445, kcal: 106, BE: 1,0

300 g	*Sushireis*
450 ml	*Wasser*
1 gestr. TL	*Salz*
4 EL	*Reisessig*
1 TL	*Zucker*
½ gestr. TL	*Salz*
4	*Eier (Größe M)*
2 EL	*Speiseöl, z. B. Maiskeimöl*
1	*Aubergine (etwa 225 g)*
5 EL	*Speiseöl, z. B. Maiskeimöl*
120 ml	*Sojasauce*
4 EL	*Wasser*
4 EL	*Mirin (japanischer Reiswein)*
3 TL	*Buchweizenkörner*
3 Blätter	*getrocknete Norialgen (etwa 20 x 20 cm, erhältlich im Asialaden oder in Spezialitäten-abteilungen von Supermärkten)*
3–4 Stängel	*Schnittlauch*
4 TL	*Wasabipaste*
100 g	*eingelegter Ingwer*

Zubereitungszeit: 60 Minuten, ohne Abkühlzeit
Garzeit: etwa 30 Minuten

1. Den Reis in ein Sieb geben und so lange unter fließendem kalten Wasser abspülen, bis das Wasser klar abläuft. Den Reis sehr gut abtropfen lassen.

2. Den Reis mit Wasser und Salz in einen Topf geben, zum Kochen bringen. Den Reis zugedeckt bei schwacher Hitze etwa 20 Minuten köcheln lassen. Dann den Topf von der Kochstelle nehmen und den Reis noch etwa 10 Minuten ausquellen lassen.

3. Reisessig erwärmen. Zucker und Salz darin unter Rühren auflösen. Die Mischung locker unter den heißen Reis mischen. Den Reis mit einem feuchten Tuch zudecken und fast ganz erkalten lassen.

4. In der Zwischenzeit die Eier verschlagen. 1 Esslöffel von dem Speiseöl in einer kleinen beschichteten Pfanne (Ø etwa 18 cm) erhitzen. Die Hälfte der Eiermasse in die Pfanne geben und bei schwacher Hitze stocken lassen (die Omelettoberseite sollte angestockt und trocken, die Unterseite leicht bräunlich gebacken sein). Ein weiteres Omelett auf die gleiche Weise zubereiten.

5. Die Aubergine abspülen, trocken tupfen und den Stängelansatz abschneiden. Die Aubergine zuerst längs in etwa 2 cm dicke Scheiben schneiden. Dann daraus 6 etwa 20 cm lange und etwa 2 cm breite Streifen schneiden.

6. Das Speiseöl in einer Pfanne erhitzen. Die Auberginenstreifen darin bei mittlerer Hitze rundherum etwa 5 Minuten anbraten. 2 Esslöffel von der Sojasauce mit Wasser und Mirin verrühren. Die Mischung zu den Auberginenstreifen in die Pfanne geben und ganz einkochen lassen. Dabei die Auberginenstreifen einmal wenden.

7. Die Buchweizenkörner in einer Pfanne ohne Fett rundherum goldbraun rösten, herausnehmen und auf einen Teller geben. Die Omeletts einmal halbieren.

8. Ein Noriblatt auf eine Sushimatte legen. Ein Drittel der Reismasse etwa ½ cm dick so darauf verteilen, dass rundherum ein etwa 1 cm breiter Rand frei bleibt. Dabei die Hände immer wieder mit Wasser befeuchten, damit der Reis nicht so klebt.

9. Eine Omeletthälfte so auf den Reis legen, dass oben und unten etwa 1 cm Reis unbelegt bleibt. Auf das untere Drittel nun 2 Auberginenstreifen legen und mit einem Drittel des Buchweizens bestreuen. Das Ganze mithilfe der Sushimatte zu einer festen Rolle aufrollen. Aus den restlichen Zutaten 2 weitere Sushirollen auf die gleiche Weise zubereiten.

10. Jede Rolle mit einem in kaltes Wasser getauchten, scharfen Messer in 8 Stücke schneiden. Schnittlauch abspülen, trocken tupfen und in etwa in 2 ½ cm lange, schräge Stücke schneiden. Auf jedes Sushi ein

Schnittlauchstück legen. Sushi mit restlicher Sojasauce, Wasabipaste und dem eingelegtem Ingwer servieren.

Tipps: Die übrig gebliebenen Omeletthälfte in Streifen schneiden und dazureichen. Nach Belieben 1 Esslöffel Schnittlauchröllchen unter die Eier rühren.

Süßsaure Gemüsesuppe

Für Gäste

4 Portionen

Pro Portion: E: 7 g, F: 9 g, Kh: 25 g, kJ: 886, kcal: 211, BE: 1,0

1	*rote Peperoni*
1 kleines Stück	*Ingwer*
je 1	*rote und grüne Paprikaschote*
1 kleine Stange	*Porree (Lauch)*
650 g	*Blumenkohl*
400 g	*Möhren*
1	*Kohlrabi*
2–3 EL	*Apfelessig*
2 EL	*Sojasauce*
etwa 120 g	*passierte Tomaten (Tetrapak)*
2 EL	*brauner Zucker*
1 gestr. EL	*Speisestärke*
750 ml (3/4 l)	*Gemüsebrühe*
3 EL	*Sojaöl*
8	*Maiskölbchen (aus dem Glas)*
	Salz
	gem. Pfeffer
	Zucker

Zubereitungszeit: 50 Minuten

1. Peperoni halbieren, entstielen, entkernen, abspülen, trocken tupfen und in feine Streifen schneiden. Ingwer schälen und fein würfeln. Paprikaschoten halbieren, entstielen, entkernen und die weißen Scheidewände entfernen. Schotenhälften abspülen, abtropfen lassen und in schmale Streifen schneiden.

2. Porree putzen, die Stange längs halbieren, gründlich waschen und abtropfen lassen. Porreestange in feine Streifen schneiden. Blumenkohl putzen und den Strunk abschneiden. Blumenkohl in kleine Röschen teilen, abspülen und abtropfen lassen. Möhren putzen, schälen, abspülen, gut abtropfen lassen und in dünne Streifen schneiden. Kohlrabi schälen, abspülen und abtropfen lassen. Den Kohlrabi vierteln und in dünne Scheiben schneiden.

3. Zwei Esslöffel Apfelessig mit Sojasauce, passierten Tomaten und braunem Zucker in einer Schüssel verrühren. Getrennt davon Speisestärke mit Brühe anrühren.

4. Einen Esslöffel des Sojaöls in einem Wok erhitzen. Peperonistreifen, Ingwerwürfel, Paprika- und Porreestreifen darin etwa 2 Minuten unter Rühren anbraten. Das Gemüse herausnehmen.

5. Wieder 1 Esslöffel des restlichen Sojaöls in dem Wok erhitzen. Blumenkohlröschen darin etwa 3 Minuten unter Rühren anbraten und herausnehmen. Restliches Sojaöl in dem Wok erhitzen. Die Möhrenstreifen und Kohlrabischeiben darin etwa 3 Minuten anbraten. Das ganze angebratene Gemüse und die Maiskölbchen wieder in den Wok geben, vermischen und kurz weiterbraten.

6. Die Essig-Soja-Tomaten-Mischung mit der angerührten Brühe unterrühren. Die Zutaten zum Kochen bringen und zugedeckt 5–8 Minuten bei schwacher Hitze kochen lassen. Die Gemüsesuppe mit Salz, Pfeffer, 1 Esslöffel Apfelessig und Zucker süßsauer abschmecken.

Süßsaures Gemüse mit Hähnchen

Raffiniert – schnell

2–3 Portionen

Pro Portion: E: 39 g, F: 19 g, Kh: 34 g, kJ: 1961, kcal: 469, BE: 2,5

350 g Hähnchenbrustfilet
4 EL Speiseöl, z. B. Sonnenblumenöl
1 Zwiebel
1 rote Paprikaschote (etwa 200 g)
1 grüne Paprikaschote (etwa 200 g)
100 g Sojabohnensprossen
125 ml (1/8 l) heiße Gemüsebrühe
2 EL Reisweinessig
2 EL Sojasauce
2 EL Tomatenketchup
1 EL flüssiger Honig
200 g frisches, gewürfeltes Ananasfruchtfleisch
Salz, gem. Pfeffer
Currypulver
Paprikapulver edelsüß
Cayennepfeffer
2 TL Speisestärke
etwas Wasser
2 EL Schnittlauchröllchen

Zubereitungszeit: 25 Minuten

1. Das Hähnchenbrustfilet kurz unter fließendem kaltem Wasser abspülen, trocken tupfen und in Streifen schneiden. Das Speiseöl in einer großen Pfanne oder einem Wok erhitzen. Die Fleischstreifen darin rundherum anbraten und herausnehmen.

2. Zwiebel abziehen und würfeln. Paprikaschoten halbieren, entstielen, entkernen und die weißen Scheidewände herausschneiden. Schotenhälften abspülen, abtropfen lassen und in feine Streifen schneiden.

3. Sojabohnensprossen in ein Sieb geben, abspülen und abtropfen lassen. Das Gemüse in dem verbliebenen Bratfett unter Rühren andünsten.

4. Die Fleischstreifen wieder hinzufügen. Brühe hinzugießen und aufkochen lassen. Essig, Sojasauce, Tomatenketchup, Honig, Ananaswürfel und die Gewürze hinzufügen und unterrühren.

5. Speisestärke mit Wasser anrühren und unter die Fleisch-Gemüse-Mischung rühren, kurz aufkochen lassen. Süßsaures Gemüse mit Hähnchen nochmals mit den Gewürzen abschmecken und mit Schnittlauchröllchen bestreut servieren.

Tandoori-Fisch-Auflauf

Köstlich

4 Portionen

Pro Portion: E: 32 g, F: 14 g, Kh: 16 g, kJ: 1362, kcal: 326, BE: 1,0

600 g	*Fischfilet, z. B. Seelachs, Pangasius*
3–4 EL	*Tandoori-Paste (indische Gewürzpaste)*
150 g	*Joghurt (3,5 % Fett)*
500 g	*Porree (Lauch)*
200 g	*abgetropfte, geröstete, rote Paprikahälften (aus dem Glas)*
1	*Mango (etwa 300 g)*
1 Prise	*Chiliflocken*
1 EL	*Speiseöl, z. B. Rapsöl*
	Salz
	gem. Pfeffer
einige Stängel	*Koriander oder glatte Petersilie*
150 g	*saure Sahne*
1	*Ei (Größe M)*

Zubereitungszeit: 20 Minuten
Garzeit: 20–30 Minuten

1. Fischfilet kurz unter fließendem kalten Wasser abspülen, trocken tupfen und in mundgerechte Stücke schneiden. Die Tandoori-Paste mit 2–3 Esslöffeln des Joghurts verrühren. Die Fischstücke mit der Paste einstreichen und zugedeckt in den Kühlschrank stellen.

2. Den Backofen vorheizen.
Ober-/Unterhitze: etwa 200 °C
Heißluft: etwa 180 °C

3. Porree putzen, die Stangen längs halbieren, gründlich waschen und abtropfen lassen. Porreestangen und Paprikahälften in kleine Stücke schneiden. Mango halbieren und das Fruchtfleisch vom Stein schneiden. Mango schälen, würfeln und mit Chili vermischen.

4. Speiseöl in einer Pfanne erhitzen. Porreestücke hinzugeben und kurz unter Rühren andünsten, mit Salz und Pfeffer würzen. Porree-, Paprikastücke, Mangowürfel und die Fischstücke in eine große, flache Auflaufform (gefettet) schichten.

5. Koriander oder Petersilie abspülen und trocken tupfen. Die Blättchen von den Stängeln zupfen. Blättchen grob hacken. Restlichen Joghurt mit saurer Sahne und Ei verschlagen, mit Salz und Pfeffer würzen. Die Kräuterblättchen unterrühren. Die Joghurtmischung gleichmäßig auf dem Auflauf verteilen.

6. Die Form auf dem Rost in den vorgeheizten Backofen schieben. Den Auflauf **20–30 Minuten garen.**

Tipps: Servieren Sie dazu z. B. Naan, das indische Fladenbrot. Statt mit Tandoori-Paste können Sie den Joghurt auch mit Currypulver, Chiliflocken, Salz und Pfeffer würzig abschmecken.

Tandoori-Spieße mit Knoblauch-Dip

Titelrezept – beliebt

12 Stück

Pro Stück: E: 11 g, F: 2 g, Kh: 2 g, kJ: 317, kcal: 76, BE: 0,0

3 Hähnchenbrustfilets (etwa 500 g)
150 g Joghurt (3,5 % Fett)
etwa 2 EL Tandoori-Gewürzmischung

Für den Knoblauch-Dip:

1–2 Knoblauchzehen
300 g Joghurt (3,5 % Fett)
2 EL Zitronensaft
Salz, gem. Pfeffer

2 EL Sonnenblumenöl

Außerdem:

12 Holzspieße

Zubereitungszeit: 30 Minuten, ohne Marinierzeit

1. Die Hähnchenbrustfilets kurz unter fließendem kalten Wasser abspülen, trocken tupfen und in dünne Streifen schneiden. Die Fleischstreifen wellenförmig auf die Holzspieße stecken.

2. Joghurt mit der Gewürzmischung in einer Schüssel verrühren. Das Fleisch in eine flache Schale oder Auflaufform legen, mit der Joghurt-Tandoori-Mischung bestreichen und dann zugedeckt im Kühlschrank etwa 1 Stunde marinieren.

3. Für den Knoblauch-Dip inzwischen den Knoblauch abziehen und durch eine Knoblauchpresse drücken oder sehr fein hacken. Knoblauch unter den Joghurt rühren. Den Knoblauch-Dip mit Zitronensaft, Salz und Pfeffer würzen.

4. Das Sonnenblumenöl in einer großen Pfanne erhitzen. Die Spieße etwas abtropfen lassen und portionsweise in der Pfanne von allen Seiten braten.

5. Die Spieße mit dem Knoblauch-Dip servieren.

Tipps: Die Holzspieße evtl. vor dem Aufspießen des Fleisches in kaltem Wasser einweichen, damit sie aufquellen und nicht splittern. Das Fleisch lässt sich besonders gut schneiden, wenn man es vorher etwa 2 Stunden in den Gefrierschrank legt. Schneller geht's, wenn man die Spieße bereits am Vorabend mit der Joghurt-Gewürz-Mischung bestreicht und zugedeckt in den Kühlschrank stellt. Anstelle der Tandoori-Gewürzmischung kann man auch je 1 Teelöffel Knoblauchpulver, Paprikapulver edelsüß, Cayennepfeffer, gemahlenen Ingwer und 1 Messerspitze gemahlenen Koriander verwenden. Auch zum Grillen eignen sich die Spieße. Dazu die Spieße am besten in Alu-Grillschalen auf den heißen Grill legen. Die Tandoori-Spieße etwa 5 Minuten grillen, dabei gelegentlich wenden.

T

Teriyaki-Hähnchen

Beliebt – mit Alkohol

4 Portionen

Pro Portion: E: 54 g, F: 17 g, Kh: 69 g, kJ: 2807, kcal: 667, BE: 5,5

800 g Hähnchenbrustfilet
15 g Ingwer
6 EL Sake (japanischer Reiswein)
6 EL Sojasauce
6 EL Mirin (japanischer Reiswein)
6 TL Zucker

300 g Sushireis
500 ml (1/2 l) kaltes Wasser
1 gestr. TL Salz
2 EL geschälter Sesamsamen
1 Frühlingszwiebel
5 EL Speiseöl, z. B. Sonnenblumenöl

Zubereitungszeit: 35 Minuten, ohne Durchzieh- und Einweichzeit

1. Hähnchenbrustfilet kurz unter fließendem kalten Wasser abspülen und mit Küchenpapier trocken tupfen. Hähnchenbrustfilet in etwa 2 cm breite Scheiben schneiden.

2. Ingwer schälen und fein würfeln. Sake mit Sojasauce, Mirin und Zucker verrühren. Ingwerwürfel unterrühren, mit den Filetscheiben mischen und zugedeckt etwa 30 Minuten im Kühlschrank durchziehen lassen.

3. In der Zwischenzeit den Reis in ein Sieb geben und so lange unter fließendem kalten Wasser abspülen, bis das Wasser klar abläuft. Den Reis mit dem Wasser in einen weiten Topf geben. Den Reis etwa 30 Minuten einweichen.

4. Anschließend den Reis mit Salz bei mittlerer Hitze zugedeckt zum Kochen bringen. Dann den Reis zugedeckt bei schwacher Hitze etwa 20 Minuten garen. Evtl. den Reis anschließend bei geöffnetem Deckel noch etwas ausdampfen lassen.

5. Inzwischen Sesamsamen in einer Pfanne ohne Fett unter Rühren goldbraun rösten, herausnehmen und auf einen Teller geben.

6. Die Frühlingszwiebel putzen, abspülen, abtropfen lassen. Die Frühlingszwiebel schräg in sehr feine Scheiben oder feine Streifen schneiden. Die Frühlingszwiebelscheiben oder -streifen bis zur Verwendung in kaltes Wasser legen.

7. Das Fleisch in einem Sieb abtropfen lassen, dabei die Marinade auffangen. Das Speiseöl in einer großen Pfanne erhitzen. Die Hähnchenfiletscheiben darin bei starker Hitze unter Rühren kräftig anbraten. Die Marinade dazugießen und unter Rühren weiterbraten, bis die Marinade dickflüssig eingekocht ist (1–2 Minuten).

8. Die Frühlingszwiebelscheiben oder -streifen gut abtropfen lassen. Das Teriyaki-Hähnchen auf dem heißen Reis anrichten, mit Frühlingszwiebelscheiben oder -streifen und Sesam bestreut servieren.

Thai-Fondue mit süßsaurem Salat

Für Gäste

4 Portionen

Pro Portion: E: 45 g, F: 25 g, Kh: 13 g, kJ: 1930, kcal: 464, BE: 1,0

400 g Hähnchenbrustfilet
40 g Ingwer
3 Knoblauchzehen
Currypulver
Chilipulver

Für den Salat:

250 g Möhren
2 EL Speiseöl, z. B. Sonnenblumenöl
Salz
½ Salatgurke (etwa 250 g)
200 g abgetropfter, eingelegter Kürbis (aus dem Glas)
½ Bund Minze
2–3 EL Obstessig
gem. Pfeffer
1–2 TL Zucker

200 g TK-Garnelen (entdarmt, ohne Kopf und Schale)
200 g Kabeljau- oder Viktoriabarschfilet
400 ml Kokosmilch
200 ml Hühnerbrühe
1 EL Zitronengras-Paste (aus dem Glas)

Zubereitungszeit: 30 Minuten, ohne Durchziehzeit

1. Hähnchenbrustfilet kurz unter fließendem kalten Wasser abspülen, trocken tupfen und in etwa 2 cm große Stücke schneiden. Ingwer schälen und in kleine Würfel schneiden, etwa die Hälfte zu den Hähnchenstücken geben. Knoblauch abziehen und fein würfeln. Das Hähnchenfleisch mit Knoblauch, Curry und Chili würzen, etwa 2 Stunden zugedeckt im Kühlschrank durchziehen lassen.

2. In der Zwischenzeit für den Salat Möhren putzen, schälen, abspülen, abtropfen lassen und würfeln. Das Speiseöl in einer Pfanne erhitzen. Die Möhrenwürfel

etwa 5 Minuten darin dünsten. Möhren mit Salz abschmecken, herausnehmen und abkühlen lassen.

3. Die Gurke abspülen, abtrocknen und das Ende abschneiden. Die Gurke der Länge nach halbieren und entkernen. Gurkenhälften in Würfel schneiden. Kürbis in kleine Stücke schneiden. Minze abspülen und trocken tupfen. Die Blättchen von den Stängeln zupfen, einige Blättchen zum Garnieren beiseitelegen. Restliche Blättchen klein schneiden.

4. Gurkenwürfel, Kürbisstücke, Minze und 2–3 Esslöffel Obstessig zu den Möhren geben. Den Salat mit Salz, Pfeffer und Zucker würzen, mindestens 1 Stunde zugedeckt durchziehen lassen.

5. In der Zwischenzeit die Garnelen nach Packungsanleitung auftauen. Fischfilet und die Garnelen kurz unter fließendem kalten Wasser abspülen und trocken tupfen. Fischfilet in etwa 2 cm große Stücke schneiden. Die Garnelen mit dem Fisch und dem Hähnchenfleisch auf einer Platte anrichten.

6. Die Kokosmilch mit Hühnerbrühe in einem Fondue-Topf erhitzen, mit restlichem Ingwer und Zitronengras-Paste würzen. Hähnchen-, Fischstücke und Garnelen darin am besten mithilfe von Fondue-Körbchen garen.

7. Den Salat vor dem Servieren nochmals mit den Gewürzen abschmecken und mit der beiseitegelegten Minze garnieren.

Thai-Hähnchen-Curry

Gut vorzubereiten

4 Portionen

Pro Portion: E: 41 g, F: 31 g, Kh: 13 g, kJ: 2060, kcal: 496, BE: 1,0

600 g	*Hähnchenbrustfilet*
4–5 EL	*Sojasauce*
1 EL	*Fischsauce*
1 EL	*brauner Zucker*
	Salz
250 g	*Aubergine*
450 g	*Zucchini*
3	*Frühlingszwiebeln*
einige Stängel	*Koriander*
6 EL	*Speiseöl, z. B. Maiskeimöl*
1 TL	*grüne Currypaste*
400 ml	*Kokosmilch*
6	*Kaffir-Limettenblätter*

Zubereitungszeit: 50 Minuten, ohne Durchziehzeit

1. Das Hähnchenbrustfilet kurz unter fließendem kalten Wasser abspülen, trocken tupfen und würfeln.

2. Drei Esslöffel von der Sojasauce mit Fischsauce, 1/2 Esslöffel braunem Zucker und etwas Salz verrühren, mit den Hähnchenwürfeln vermischen. Die Hähnchenwürfel zugedeckt in den Kühlschrank stellen und etwa 1 Stunde durchziehen lassen.

3. Die Aubergine und Zucchini abspülen, abtrocknen und den Stängelansatz bzw. die Enden abschneiden. Die Aubergine und Zucchini in mundgerechte Stücke schneiden.

4. Die Frühlingszwiebeln putzen, abspülen, abtropfen lassen und in etwa 2 cm lange Stücke schneiden. Den Koriander abspülen und trocken tupfen. Die Blättchen von den Stängeln zupfen. Blättchen klein schneiden.

5. Zwei Esslöffel Speiseöl in einer großen Pfanne erhitzen. Zucchini- und Auberginenstücke evtl. portionsweise darin unter Rühren etwa 1 Minute kräftig anbraten. Das Gemüse mit dem restlichen braunen

Zucker und 1 Prise Salz bestreuen. 1–2 Esslöffel der restlichen Sojasauce hinzugeben und verdampfen lassen. Das Gemüse aus der Pfanne nehmen.

6. Einen Esslöffel Speiseöl in der Pfanne erhitzen. Die Frühlingszwiebelstücke kurz darin anbraten. Die Frühlingszwiebelstücke aus der Pfanne nehmen und zum Gemüse geben.

7. Wieder 2 Esslöffel Speiseöl in der Pfanne erhitzen. Die Hähnchenwürfel darin bei starker Hitze unter Rühren anbraten. Fleischwürfel ebenfalls aus der Pfanne nehmen.

8. In einem breiten Topf 1 Esslöffel Speiseöl erhitzen und die grüne Currypaste unterrühren. Koriander hinzugeben und kurz andünsten. Kokosmilch hinzugießen und aufkochen lassen. Die Limettenblätter hinzugeben. Fleischwürfel und Gemüse hinzugeben, zum Kochen bringen und etwa 2 Minuten bei schwacher Hitze kochen lassen, nochmals mit etwas Zucker, evtl. Salz und Sojasauce abschmecken.

Tipps: Das Hähnchencurry kann 1–2 Tage vor dem Servieren zubereitet werden, dann das Curry vollständig erkalten lassen und zugedeckt im Kühlschrank aufbewahren. Vor dem Servieren die Limettenblätter aus dem Curry entfernen.

Thai-Kartoffelsalat

Etwas Besonderes

4 Portionen

Pro Portion: E: 18 g, F: 3 g, Kh: 43 g, kJ: 1323, kcal: 316, BE: 3,5

750 g	*festkochende Kartoffeln*
1 gestr. TL	*Salz*
2	*rote Paprikaschoten (etwa 500 g)*
	Salz
250 g	*Garnelen (entdarmt, ohne Kopf und Schale)*
1 kleines Stück	*Ingwer*
1	*Knoblauchzehe*
2 EL	*Speiseöl, z. B. Sonnenblumenöl*
	gem. Pfeffer
1 Bund	*Schnittknoblauch (etwa 100 g)*
175 g	*abgetropfte Bambussprossen, in Streifen (aus der Dose)*
175 ml	*süße Chilisauce*

Zubereitungszeit: 35 Minuten, ohne Durchziehzeit

1. Kartoffeln schälen, abspülen, abtropfen lassen und in Stifte schneiden. Wasser in einem Topf zum Kochen bringen. Salz und Kartoffelstifte hinzufügen. Die Kartoffelstifte zugedeckt etwa 10 Minuten garen.

2. Dann die Kartoffelstifte in ein Sieb geben, mit kaltem Wasser abspülen und abtropfen lassen.

3. Paprikaschoten halbieren, entstielen, entkernen und die weißen Scheidewände entfernen. Schotenhälften abspülen, trocken tupfen und in Streifen schneiden. Salzwasser in einem Topf zum Kochen bringen. Die Paprikastreifen darin etwa 3 Minuten blanchieren. Die Paprikastreifen in ein Sieb geben, mit kaltem Wasser übergießen und abtropfen lassen.

4. Die Garnelen kurz unter fließendem kalten Wasser abspülen und trocken tupfen. Ingwer schälen, Knoblauch abziehen. Ingwer und Knoblauch fein hacken, mit 1 Esslöffel des Speiseöls verrühren. Die Garnelen mit der Ölmischung vermengen, mit Salz und Pfeffer würzen.

5. Restliches Speiseöl in eine Pfanne erhitzen. Die Garnelen darin rundherum braten. Dann die Garnelen aus der Pfanne nehmen und in eine Schüssel geben.

6. Schnittknoblauch abspülen, trocken tupfen und in Röllchen schneiden.

7. Die restlichen, vorbereiteten Salatzutaten in die Schüssel zu den Garnelen geben und vorsichtig mischen. Die Chilisauce untermengen. Den Salat etwa 1 Stunde zugedeckt in den Kühlschrank stellen, dabei gelegentlich umrühren.

8. Den Salat vor dem Servieren nochmals mit Salz und Pfeffer abschmecken.

Thailändischer Fischeintopf

Für Gäste

4 Portionen

Pro Portion: E: 52 g, F: 4 g, Kh: 29 g, kJ: 1549, kcal: 370, BE: 2,5

1	*grüne Chilischote*
1	*rote Chilischote*
½ Stängel	*Zitronengras*
20 g	*Ingwer*
2 TL	*Korianderkörner*
1 ½ l	*Fischfond oder -brühe*
400 g	*Rotbarbenfilet (mit Haut)*
½ Bund	*Koriander*
400 g	*gegarte Tintenfischringe*
200 g	*gegarte, geschälte Garnelen*
350 g	*gegarter Langkornreis (etwa 125 g Rohgewicht)*
	Sojasauce
	Salz, gem. Pfeffer

Zubereitungszeit: 35 Minuten
Garzeit: etwa 20 Minuten

1. Chilischoten halbieren, entstielen und entkernen. Schotenhälften abspülen, trocken tupfen und in kleine Stücke schneiden.

2. Das Zitronengras putzen, abspülen, trocken tupfen, evtl. etwas klopfen und in etwa 2 cm lange Stücke schneiden. Ingwer schälen und in Scheiben schneiden. Die Korianderkörner in einem Mörser leicht zerstoßen.

3. Fischfond oder -brühe mit Zitronengrasstücken, der Hälfte der Chilistreifen, Korianderkörnern und Ingwerscheiben in einen Wok geben, zum Kochen bringen und etwa 15 Minuten bei schwacher Hitze köcheln lassen.

4. In der Zwischenzeit Rotbarbenfilet kurz unter fließendem kalten Wasser abspülen, trocken tupfen und in Stücke schneiden.

5. Koriander abspülen und trocken tupfen. Die Blättchen von den Stängeln zupfen.

6. Fond oder Brühe durch ein Sieb gießen, wieder in den Wok geben und aufkochen lassen. Die restlichen Chilistreifen, Rotbarbenstücke, Tintenfischringe, Garnelen und Reis in die Brühe geben. Die Zutaten 5–8 Minuten in der Brühe ziehen lassen.

7. Den Eintopf mit Sojasauce, Salz und Pfeffer abschmecken. Die Korianderblättchen kurz vor dem Servieren hinzufügen.

Tipps: Beim Entkernen der Chilischoten müssen Sie vorsichtig sein, da die Schoten sehr scharf sind. Nach dem Schneiden am besten die Hände waschen. Nicht in die Augen fassen, da es sehr stark brennt. Wenn Sie kein frisches Zitronengras bekommen, können Sie ersatzweise getrocknetes Zitronengras oder 1 breiten Streifen Zitronenschale von 1 Bio-Zitrone (unbehandelt, ungewachst) verwenden.

Thailändischer Rindfleischsalat

Einfach

4 Portionen

Pro Portion: E: 29 g, F: 21 g, Kh: 25 g, kJ: 1695, kcal: 405, BE: 1,5

1	*rote Peperoni (etwa 15 g)*
2	*Knoblauchzehen*
30 g	*Ingwer*
6 EL	*Limettensaft*
4 EL	*Sojasauce*
4 EL	*brauner Zucker*
2 EL	*Sesamöl (geröstet)*
2 EL	*Speiseöl, z. B. Sonnenblumenöl*
evtl.	*Salz*
4	*Frühlingszwiebeln*
1	*rote Zwiebel*
250 g	*Salatgurke*
400 g	*Cocktailtomaten*
4 Stängel	*Koriander*
5 Stängel	*Thai-Basilikum*
4 Stängel	*Minze*
50 g	*geröstete, gesalzene Erdnüsse*
300 g	*Roastbeef-Aufschnitt*

Zubereitungszeit: 30 Minuten

1. Peperoni halbieren, entstielen, entkernen, abspülen und abtropfen lassen. Die Peperoni in dünne Streifen schneiden. Den Knoblauch abziehen. Ingwer schälen. Knoblauch und Ingwer fein würfeln.

2. Limettensaft mit Sojasauce und Zucker verrühren. Sesam- und Sonnenblumenöl unterschlagen. Knoblauch- und Ingwerwürfel unterrühren. Die Salatsauce evtl. noch mit etwas Salz abschmecken.

3. Die Frühlingszwiebeln putzen, abspülen, abtropfen lassen und in feine Scheiben schneiden. Zwiebel abziehen und in feine Spalten schneiden. Gurke schälen und die Enden abschneiden. Gurke in dünne Scheiben schneiden.

4. Tomaten abspülen, abtropfen lassen und in Viertel schneiden, dabei die Stängelansätze herausschneiden.

5. Kräuterstängel abspülen und trocken tupfen. Die Blättchen von den Stängeln zupfen. Die Blättchen grob zerschneiden. Die Erdnüsse fein hacken.

6. Den Roastbeef-Aufschnitt mit den Zwiebelspalten, Frühlingszwiebel-, Gurkenscheiben, Tomatenvierteln, Kräutern und der Salatsauce mischen. Den Salat mit den Erdnüssen bestreuen und servieren.

Tintenfischringe mit Frühlingszwiebeln

Für Gäste – mit Alkohol

4–6 Portionen

Pro Portion: E: 34 g, F: 24 g, Kh: 28 g, kJ: 1981, kcal: 474, BE: 2,0

1 kg TK-Tintenfischtuben

Für die Marinade:

4 EL Kartoffelstärke
4 EL Sojasauce
3 EL Sesamöl

500 g Frühlingszwiebeln
30 g Ingwer
1 l Speiseöl, z. B. Sonnenblumenöl
5 EL Sojaöl

Für die Sauce:

100 ml Gemüsebrühe
100 ml Reiswein
1 gestr. EL Kartoffelstärke
2 EL Soja- oder Sesamöl
1 EL Sojasauce
2 gestr. EL Zucker
2 Prisen gem.,weißer Pfeffer
1 gestr. TL Salz

Zubereitungszeit: 50 Minuten, ohne Auftau- und Durchziehzeit

1. Die Tintenfischtuben nach Packungsanleitung auftauen. Dann die Tintenfischtuben kurz unter fließendem kalten Wasser abspülen, trocken tupfen und in etwa ½ cm breite Ringe schneiden.

2. Für die Marinade Kartoffelstärke, Sojasauce und Sesamöl miteinander vermischen. Die Tintenfischringe hinzugeben und das Ganze gut vermischen. Die Tintenfischringe etwa 20 Minuten durchziehen lassen.

3. Die Frühlingszwiebeln putzen, abspülen, abtropfen lassen und in etwa 4 cm lange Stücke schneiden. Ingwer schälen und fein hacken.

4. Das Speiseöl in einem Wok auf etwa 175 °C erhitzen. Die Tintenfischringe darin portionsweise jeweils 1–2 Minuten frittieren, mit einer Schaumkelle herausnehmen und gut auf Küchenpapier abtropfen lassen. Das verbliebene, restliche Speiseöl aus dem Wok gießen.

5. Das Sojaöl in dem Wok erhitzen. Ingwer darin andünsten, dann die Frühlingszwiebeln dazugeben und mitdünsten.

6. Für die Sauce Gemüsebrühe, Reiswein, Kartoffelstärke, Soja- oder Sesamöl und Sojasauce verrühren, mit Zucker, Pfeffer und Salz würzen. Sauce zu den Frühlingszwiebeln in den Wok gießen, unterrühren und aufkochen lassen.

7. Zum Schluss die Tintenfischringe dazugeben, ganz kurz erhitzen und sofort heiß servieren.

Tofu mit Tomaten-Sambal

Vegetarisch

4 Portionen

Pro Portion: E: 25 g, F: 18 g, Kh: 35 g, kJ: 1676, kcal: 399, BE: 2,5

Für das Sambal:

½–1 rote Chilischote
15 g Ingwer
1 Bio-Limette (unbehandelt, ungewachst)
4 EL Ketjap Manis (indonesische Sojasauce)
1 EL Limettensaft
2 EL Zucker
600 g Strauchtomaten

40 g geröstete, gesalzene Erdnüsse
12–16 Blättchen Thai-Basilikum oder Basilikum
2 EL Weizenmehl
1 EL mildes Currypulver
Salz
500 g Tofu
5 EL Speiseöl, z. B. Maiskeimöl
30 g Röstzwiebeln

Zubereitungszeit: 40 Minuten, ohne Abkühlzeit

1. Für das Sambal Chilischote entstielen, halbieren, abspülen, abtropfen lassen und fein hacken. Ingwer schälen und fein reiben.

2. Limette heiß abwaschen, abtrocknen, die Schale fein abreiben und beiseitestellen. Limette halbieren und 1 Esslöffel Saft auspressen. Chili und Ingwer mit Ketjap Manis, Limettensaft und Zucker verrühren.

3. Tomaten abspülen, abtropfen lassen, halbieren und die Stängelansätze herausschneiden. Tomaten in etwa 2 cm breite Spalten schneiden. Aus den Spalten das Fruchtfleisch mit den Kernen herausschneiden. Etwa eine Handvoll des Fruchtfleisches mit den Kernen in einem feinen Sieb auspressen. Dabei den Saft auffangen und zum Sambal geben.

4. Die „Tomatenschiffchen" in einer Pfanne ohne Fett bei starker Hitze etwa ½ Minute schwenken. Sambal dazugeben und unter Rütteln der Pfanne knapp ½ Minute schwenken. Das Tomaten-Sambal sofort aus der Pfanne nehmen und erkalten lassen.

5. Erdnüsse fein hacken. Basilikumblättchen abspülen und trocken tupfen. Blättchen grob zerschneiden. Das Mehl mit Curry und etwas Salz mischen. Den Tofu in etwa 1 cm breite Scheiben schneiden und mit Küchenpapier trocken tupfen. Die Tofuscheiben im Currymehl wenden, überschüssiges Mehl abklopfen.

6. Speiseöl in einer großen Pfanne erhitzen. Die Tofuscheiben darin bei starker Hitze rundherum knusprig und goldbraun braten. Den Tofu sofort mit dem kalten Sambal anrichten, mit Erdnüssen, Röstzwiebeln, Basilikum und beiseitegestellter Limettenschale bestreut servieren.

Tom Yum Gung (Sauer-scharfe thailändische Suppe)

Für Gäste

4 Portionen

Pro Portion: E: 18 g, F: 2 g, Kh: 4 g, kJ: 424, kcal: 101, BE: 0,0

4 Stangen Zitronengras
½ EL schwarze Pfefferkörner
40 g Galgant oder Ingwer
9 Stängel Koriander
1 l Hühnerbrühe
4 Kaffir-Limettenblätter
300 g Garnelen (entdarmt, ohne Kopf und Schale)
175 g kleine, weiße Champignons
75 g abgetropfte Bambussprossen (aus dem Glas)
250 g Cocktailtomaten
½–1 rote Chilischote
3 EL Limettensaft
Salz

Zubereitungszeit: 30 Minuten
Garzeit: etwa 50 Minuten

1. Das Zitronengras abspülen, trocken tupfen und faserig platt klopfen. Die Pfefferkörner im Mörser grob zerstoßen. Galgant oder Ingwer schälen, etwa zwei Drittel davon in Scheiben schneiden. Koriander abspülen und trocken tupfen.

2. Hühnerbrühe mit Galgant- oder Ingwerscheiben, Zitronengras, Pfeffer und 5 Korianderstängeln in einem Topf zum Kochen bringen, etwa 20 Minuten bei schwacher Hitze köcheln lassen.

3. Anschließend die Brühe durch ein feines Sieb in einen Topf gießen. Die Kaffirblätter einmal anreißen und in die Brühe geben, dann das Ganze nochmals etwa 30 Minuten zugedeckt ziehen lassen.

4. Garnelen kurz unter fließendem kalten Wasser abspülen und trocken tupfen. Champignons putzen, evtl. abspülen, abtropfen lassen, einmal durchschneiden.

5. Bambussprossen in schmale Streifen schneiden. Tomaten abspülen, abtropfen lassen, halbieren und dabei die Stängelansätze herausschneiden.

6. Chilischote entstielen, abspülen, abtropfen lassen und in dünne Ringe schneiden. Von den restlichen Korianderstängeln die Blättchen abzupfen und grob hacken.

7. Die Garnelen, Champignons, Tomaten, Chiliringe und Bambussprossen in die Suppe geben. Die Suppe bei schwacher Hitze langsam aufkochen lassen. Den Limettensaft dazugeben und die Suppe mit Salz abschmecken. Die Suppe in 4 Schalen anrichten und mit Koriandergrün bestreuen.

Tomatenreis mit Auberginen

Vegetarisch

2–3 Portionen

Pro Portion: E: 9 g, F: 25 g, Kh: 56 g, kJ: 2066, kcal: 493, BE: 4,0

1	Aubergine
1 EL	Salz
1	Zwiebel
2	Knoblauchzehen
1 Stange	Porree (Lauch)
4–5	Tomaten
6 EL	Speiseöl, z. B. Maiskeimöl
2 EL	Tomatenmark
400 g	gekochter Langkornreis (etwa 150 g Rohgewicht)
	Salz, gem. Pfeffer
1/2 TL	gem. Ingwer
1 TL	gem. Zitronengras
1/2 Bund	Koriander oder glatte Petersilie

Zubereitungszeit: 30 Minuten, ohne Durchziehzeit

1. Aubergine abspülen, abtrocknen und den Stängelansatz abschneiden. Die Aubergine in kleine Würfel schneiden, mit Salz bestreuen und dann mindestens 10–15 Minuten Saft ziehen lassen.

2. In der Zwischenzeit Zwiebel und Knoblauch abziehen, in feine Würfel schneiden. Porree putzen, die Stange längs halbieren, gründlich waschen und abtropfen lassen. Porreestange zuerst in breite Stücke, dann längs in dünne Streifen schneiden.

3. Tomaten kreuzweise einschneiden und mit kochendem Wasser übergießen. Nach 1–2 Minuten herausnehmen, mit kaltem Wasser abschrecken. Tomaten enthäuten, halbieren und die Stängelansätze herausschneiden. Tomaten entkernen und fein würfeln.

4. Auberginenwürfel in ein Sieb geben, unter fließendem kalten Wasser abspülen, abtropfen lassen und mit Küchenpapier trocken tupfen.

5. Speiseöl in einem Wok erhitzen. Zwiebel-, Knoblauch- und Auberginenwürfel darin anbraten. Porreestreifen dazugeben und das Gemüse unter Rühren etwa 5 Minuten bei mittlerer Hitze braten.

6. Tomatenmark unterrühren. Tomatenwürfel und Reis unterheben, mit Salz, Pfeffer, Ingwer und Zitronengras kräftig würzen und 4–5 Minuten garen.

7. Koriander oder Petersilie abspülen, trocken tupfen. Die Blättchen von den Stängeln zupfen. Die Blättchen fein hacken und unter den Tomatenreis mischen.

Vietnamesisches Garnelenomelett mit Sesam-Erdnuss-Sauce

Einfach

4 Portionen

Pro Portion: E: 24 g, F: 31 g, Kh: 9 g, kJ: 1771, kcal: 423, BE: 0,5

Für die Sesam-Erdnuss-Sauce:

20 g geschälte Sesamsamen
20 g geröstete, gesalzene Erdnüsse
4 EL süß-scharfe Chilisauce
1 EL Sonnenblumenöl
1 EL Fischsauce
2 EL Limettensaft

175 g Garnelen (entdarmt, ohne Kopf und Schale)
10–12 Minzeblätter
1 EL Sonnenblumenöl
8 Eier (Größe M)
2 EL Fischsauce
4 EL Sonnenblumenöl
12 Stängel Koriander

Zubereitungszeit: 45 Minuten

1. Für die Sauce Sesamsamen in einer Pfanne ohne Fett unter Wenden goldbraun rösten, herausnehmen und auf einen Teller geben. Die Erdnüsse fein hacken. Sesamsamen und Erdnüsse mit Chilisauce, Sonnenblumenöl, Fischsauce und Limettensaft verrühren.

2. Die Garnelen kurz unter fließendem kalten Wasser abspülen und trocken tupfen. Garnelen in etwa ½ cm dicke Stücke schneiden. Die Minzeblätter abspülen, trocken tupfen und fein schneiden.

3. Sonnenblumenöl in einer Pfanne erhitzen. Die Garnelenstücke darin bei schwacher Hitze etwa 1 Minute knapp garen, sodass sie noch leicht glasig sind. Minze unterrühren.

4. Die Eier mit der Fischsauce verschlagen. Garnelenstücke unterrühren. 1 Esslöffel von dem Sonnenblumenöl in einer kleinen beschichteten Pfanne (Ø etwa 20 cm) erhitzen. Ein Viertel Eiermasse in die Pfanne geben und bei schwacher Hitze stocken lassen (die Omelettoberseite sollte angestockt, aber noch saftig sein).

5. Das Omelett auf einen Teller gleiten lassen und im vorgeheizten Backofen bei Ober-/Unterhitze: etwa 50 °C warm halten. 3 weitere Omeletts auf die gleiche Weise zubereiten.

6. Koriander abspülen und trocken tupfen. Die Blättchen von den Stängeln zupfen. Die Blättchen grob hacken. Jedes Omelett aufrollen und einmal quer durchschneiden, mit Koriander bestreuen und mit der Sauce servieren.

Rezeptvariante: Probieren Sie doch einmal **Zwiebelpfannkuchen auf asiatische Art.** Dafür 325 g Zwiebelwürfel mit 3 Esslöffeln gegartem Klebreis, 8 Esslöffeln Weizenmehl, 125 ml (⅛ l) Wasser, jeweils 1 Prise Salz, Zucker und Fünf-Gewürze-Pulver und 2 Esslöffeln Speiseöl vermengen. 2 Esslöffel Speiseöl in einer beschichteten Pfanne erhitzen. Die Hälfte der Zwiebelteigmasse in die Pfanne geben und gleichmäßig verteilen. Den Teig von beiden Seiten etwa 5 Minuten backen. Aus der restlichen Zwiebelteigmasse mit 2 Esslöffeln Speiseöl auf gleiche Weise einen zweiten Pfannkuchen backen. Beide Pfannkuchen warm stellen. 375 ml (⅜ l) Kokosmilch mit 2 Esslöffeln Tomatenketchup verrühren, mit etwas Sambal Oelek, Zucker, Salz und Fünf-Gewürze-Pulver abschmecken. 2 fein geschnittene Frühlingszwiebeln in 1 Esslöffel Speiseöl andünsten. Die Kokossauce dazugießen, unter Rühren aufkochen lassen etwa 2 Minuten köcheln lassen. Die Sauce über die Pfannkuchen gießen und servieren.

Wan-Tan-Suppe

Klassisch

4 Portionen

Pro Portion: E: 11 g, F: 4 g, Kh: 16 g, kJ: 600, kcal: 143, BE: 1,5

Für die Füllung:

100 g	*Hähnchenbrustfilet*
½	*kleine Möhre*
1	*Frühlingszwiebel*
1	*Ei (Größe M)*
1 TL	*Sesamöl*
1 EL	*Weizenmehl*
½ TL	*fein gehackter Ingwer*
2 Prisen	*Salz*
2 Prisen	*gem. Pfeffer*
10	*Wan-Tan-Teigblätter (etwa 10 x 10 cm, erhältlich im Asialaden)*
1 l	*Wasser*
1 Handvoll	*Baby-Blattspinat*
1 l	*Hühnerbrühe*
	Zucker
etwa 1 TL	*Sesamöl*

Zubereitungszeit: 30 Minuten
Garzeit: etwa 10 Minuten

1. Für die Füllung das Hähnchenbrustfilet kurz unter fließendem kalten Wasser abspülen, trocken tupfen, klein schneiden und im Mixer zerkleinern.

2. Möhre putzen, schälen, abspülen, abtropfen lassen und in sehr feine Stifte schneiden. Frühlingszwiebel putzen, abspülen, abtropfen lassen und halbieren. Eine Hälfte fein hacken. Die restliche Frühlingszwiebelhälfte beiseitelegen. Das Ei verschlagen und teilen.

3. Das Hähnchenfleischpüree mit ½ Ei, Möhrenstiften, fein gehackten Frühlingszwiebeln, Sesamöl, Weizenmehl, Ingwer, Salz und Pfeffer gut vermischen.

4. Die Wan-Tan-Teigblätter ausbreiten. Jeweils nacheinander 1 Teelöffel der Hähnchenfleischfüllung in die Mitte einer Teigplatte geben. Das restliche ½ Ei verschlagen. Die Ränder der Wan-Tan-Blätter damit bestreichen. Die sich gegenüberliegenden Ecken aufeinander und fest um die Füllung herum zudrücken, sodass die Füllung ganz vom Teig umschlossen ist.

5. Das Wasser in einem Topf zum Kochen bringen. Die Wan Tans hineingeben und etwa 10 Minuten bei mittlerer Hitze garen. Danach die Wan Tans in eine Suppenterrine legen.

6. Blattspinat abspülen, gut abtropfen lassen und die Stiele entfernen. Die beiseitegelegte Frühlingszwiebelhälfte in ganz feine Scheiben schneiden und mit dem Blattspinat in die Suppenterrine geben.

7. Die Hühnerbrühe zum Kochen bringen, mit Salz, Pfeffer und Zucker abschmecken. Die Hühnerbrühe über die Wan Tans in die Suppenterrine gießen. Die Suppe mit etwas Sesamöl abschmecken, servieren.

Tipp: Statt Spinatblätter können Sie auch etwa 200 g in feine Streifen geschnittenen Chinakohl mit in die Suppe geben. Diese dann mit der Hühnerbrühe aufkochen.

Zuckerschoten-Miso-Suppe

Leichter Genuss

2 Portionen

Pro Portion: E: 8 g, F: 6 g, Kh: 28 g, kJ: 840, kcal: 201, BE: 2,0

4 Frühlingszwiebeln
100 g Zuckerschoten
600 ml Hühnerbrühe
2 TL Miso (chinesische Würzpaste, erhältlich im Asialaden)
40 g Wok-Nudeln (Instant-Nudeln)
100 g abgetropfte Bambusschösslinge in Streifen (aus dem Glas)
2 TL Sesamöl
2 TL Sojasauce
1–1 ½ TL Weißweinessig
evtl. Salz
gemahlener Pfeffer

Zubereitungszeit: 25 Minuten

1. Frühlingszwiebeln putzen, abspülen, abtropfen lassen und in feine Scheiben schneiden. Von den Zuckerschoten die Enden abschneiden, evtl. abfädeln. Schoten abspülen, abtropfen lassen und schräg in Stücke schneiden.

2. Die Hühnerbrühe mit Miso in einem Topf unter gelegentlichem Rühren bei starker Hitze zum Kochen bringen. Die Nudeln hinzufügen und alles zugedeckt etwa 3 Minuten bei mittlerer Hitze kochen lassen.

3. Bambusschösslinge, Frühlingszwiebelscheiben und Zuckerschotenstücke hinzufügen. Alles erneut zum Kochen bringen und zugedeckt bei schwacher bis mittlerer Hitze weitere etwa 2 Minuten garen, bis das Gemüse und die Nudeln bissfest sind. Den Topf von der Kochstelle nehmen.

4. Die Suppe mit Sesamöl, Sojasauce, Essig, evtl. Salz und Pfeffer pikant abschmecken. Die Suppe in Schälchen servieren.

Beilage: Sehr lecker schmeckt Rührei in der Suppe (Foto). Dafür 2 kleine Eier (Größe S) und 2 Teelöffel Milch (1,5 % Fett) mit einer Gabel verschlagen. Dann 2 Teelöffel Speiseöl in einer kleinen Pfanne erhitzen. Die Eiermilch hineingeben und zum Rührei braten. Das Rührei mit 2 Gabeln zerpflücken und in die heiße Suppe geben.

Asiatisch kochen – einfach und vielseitig

Mit den Rezepten in diesem Buch laden wir Sie zu einer kulinarischen Reise durch Asien ein.
Bedenken bei der Zubereitung einiger für uns nicht so alltäglicher Rezepte brauchen Sie nicht zu haben. Wir erklären Ihnen in den Rezepten Schritt für Schritt die Arbeitsabläufe.

Typisch asiatische Zubereitungsarten – sichern Aroma und Geschmack

Pfannengerührtes oder Gebratenes aus dem Wok

Die kurze Garzeit im Wok erfordert das Vorbereiten der Zutaten im Voraus. Die Zutaten werden in feine, gleich große Streifen oder Stücke geschnitten. Gewürze und Saucen werden am besten vor dem Garen bereitgestellt. Zum Anbraten sollte der Wok auf der höchsten Temperaturstufe aufgeheizt werden. Dann werden die Zutaten, meist nacheinander, entsprechend ihrer Garzeit, unter ständigem Rühren in wenig Öl angebraten bzw. gegart. Die kurze, schnelle Zubereitung garantiert, dass Gemüsezutaten schön knackig und bissfest, Fleisch oder Fisch saftig bleiben. Aroma, Farbe und Nährstoffe der Zutaten bleiben weitgehend erhalten. Haben Sie keinen Wok, dann können Sie die Rezepte auch in einer großen Pfanne zubereiten.

Gedämpftes aus dem Bambusdämpfer oder aus Edelstahl-Dämpf-Einsätzen

Die schonende Zubereitung von Lebensmitteln in einem Siebeinsatz über Wasserdampf in einem geschlossenen Gefäß macht diese Garmethode immer beliebter. Siebeinsätze aus Edelstahl, klassische Bambusdämpfer oder Dämpfeinsätze für den Wok sind dabei völlig ausreichend, um Gerichte fettarm und schonend zu dämpfen.

Folgende Tipps sollten Sie dabei beachten:

- Der Dämpfeinsatz bzw. das Dämpfgut darf nicht mit der Flüssigkeit in Berührung kommen.
- Zuerst wird die Flüssigkeit zum Kochen gebracht und dann vorsichtig das Dämpfgut im Einsatz in den Topf gehängt bzw. gestellt und zugedeckt. Dabei ist ein gut schließender Deckel wichtig, damit der Dampf nicht entweichen kann.
- Die Kochstellentemperatur können Sie jetzt reduzieren, da es ausreichend ist, dass die Flüssigkeit nur noch schwach vor sich hin kocht.
- Gelegentlich sollten Sie während des Dämpfens kontrollieren, ob noch genügend Dämpfflüssigkeit im Topf oder Wok ist. Wenn nicht, wird das Nachfüllen heißer Dämpfflüssigkeit erforderlich.
- Ein gleichmäßiges Dämpfergebnis erhalten Sie, wenn die zu dämpfenden Stücke gleich groß sind. Denken Sie daran, dass der Dampf nur dann gut zirkulieren kann, wenn beim Hineinlegen des Dämpfgutes nicht alle Dampfaustrittsöffnungen bedeckt sind.

Frittiertes aus dem Wok oder dem Topf

Knusprig und schnell gegart sind in heißem Fett schwimmend ausgebackene Frühlingsrollen oder Gemüse-Tempura.
Zum Frittieren ist neutrales Speiseöl, welches eine große Hitzestabilität hat, wie z. B. Sonnenblumenöl oder Sojaöl, aber auch festes Pflanzenfett, wie z. B. Kokosfett, geeignet. Der Wok oder der Topf sollten zu etwa zwei Dritteln mit dem Frittierfett gefüllt sein, sodass die Frittierstücke gut darin schwimmen können.
Die optimale Frittiertemperatur beträgt in etwa 175 °C. Diese ist erreicht, wenn sich um einen in das heiße Fett gehaltenen Holzlöffelstiel Bläschen bilden. Ist das Frittierfett zu kalt, saugt das Frittiergut zu viel Fett auf. Ist es dagegen zu heiß, bräunt das Frittiergut außen schnell und ist im Inneren noch nicht gar. Geben Sie die Frittierstücke immer nur portionsweise in das erhitzte Fett. So können sie gut darin schwimmen und das Fett kühlt sich nicht zu stark ab. Die goldbraun frittierten Stücke nehmen Sie am besten mit einer Schaumkelle aus dem Topf und geben sie zum Abtropfen auf Küchenpapier.

Typisch asiatische Zutaten und Gewürze

Die Zutaten für die meisten Rezepte bekommen Sie in Spezialitätenabteilungen von Supermärkten. Dort werden auch fertige asiatische Würzmischungen, die es z.T. ohne Glutamat gibt, angeboten. Wenn Sie einen Asialaden um die Ecke haben, erhalten Sie dort ganz spezielle Rezeptzutaten, wie z.B. das Dashi-Pulver für die Misosuppe. Diese können Sie aber auch im Internet in Asia-Shops bestellen und nach Hause liefern lassen.

Mie-Nudeln, Glasnudeln, Weizennudeln oder Reisnudeln werden gern als Beilagen verwendet. Sie haben kurze Gar- bzw. Quellzeiten.

Basmatireis, Duft- bzw. Jasminreis sind die bevorzugten Reissorten. Basmatireis ist ein sehr aromatischer, nach dem Garen eher körniger Reis. Duftreis entfaltet beim Garen einen Blumenduft. Er ist ein sehr aromatischer, gegart leicht klebriger Langkornreis. Sushireis ist ein spezieller Rundkornreis mit guten „Klebeeigenschaften".

Getrocknete chinesische Pilze, wie Mu-err-Pilze, werden zunächst in Wasser eingeweicht, dabei quellen sie um das Fünf- bis Zehnfache.

Öle zum Braten und Frittieren sollten neutrale, hoch erhitzbare Speiseöle, z. B. Sonnenblumen-, Soja- oder Erdnussöle, sein. Helles und dunkles Sesamöl eignet sich zur geschmacklichen Abrundung der Gerichte.

Reisessig, helle und dunkle Sojasaucen verfeinern die Gerichte. Reisessig ist ein aus Reiswein hergestellter Essig mit einem mild-süßlichen Geschmack. Er kann z.B. durch Obstessig ersetzt werden. Sojasauce wird auch zum Marinieren von Fleisch verwendet. Die helle Sauce ist meist etwas milder als die dunklere Sauce, sodass es Ihrem Geschmack überlassen ist, für welche Sorte Sie sich entscheiden.

Sake, der japanische Reiswein, wird zum Trinken, zum Kochen und Abschmecken von Speisen verwendet. Es gibt ihn mit unterschiedlichem Alkoholgehalt. Ein anderer Reiswein ist **Mirin.** Er ist wesentlich süßer als Sake und wird nur zum Kochen und Würzen eingesetzt.

Sambal Oelek und **Sambal Manis** sind aus Asien stammende Chili-Würz-Pasten. Sambal Oelek ist feurig-scharf und sollte vorsichtig, in kleinen Mengen verwendet werden. Sambal Manis dagegen schmeckt süßlich-scharf.

Koriander, Szechuanpfeffer, Zitronengras, rote und grüne Chilischoten sind weitere Möglichkeiten zum Würzen der Asia-Gerichte.

Frühlingsrollenteigblätter werden gefroren, in verschiedenen Größen angeboten. Sie schmecken gefüllt und frittiert am besten.

Reisteigblätter (Reispapierblätter) gibt es getrocknet, in verschiedenen Größen zu kaufen. Gefüllte Reispapierblätter eignen sich zum Frittieren, aber auch einfach zum Einrollen von Salaten oder Füllungen.

Norialgen werden in getrockneter, gerösteter Form in Blättern verkauft und oft für Sushi verwendet.

Helle und dunkle Misopaste ist vor allem in der japanischen Küche eine beliebte Suppengrundlage und wird als Würzmittel für verschiedene Gerichte verwendet. Es wird aus milchsauren, fermentierten Sojabohnen und evtl. Reis, Weizen oder Gerste hergestellt.

Dashi-Konzentrat-Pulver ist auch eine Suppengrundlage, welche sich aus verschiedenen Zutaten zusammensetzen kann. Dashi No Moto besteht unter anderem aus Bonito-Flocken (Bonito ist eine Tunfischart) und Salz.

Register

Suppen und Eintöpfe

Salate

Snacks

Mit Fisch und Meeresfrüchten

Mit Fleisch

Vegetarisch

Mit Alkohol

Süße Köstlichkeiten

Beilagen und Saucen

Copyright Genehmigte Sonderausgabe 2016 für VISTA POINT Verlag GmbH, Potsdam

Redaktion Andrea Gloß, Annette Riesenberg

Titelfoto groß Thomas Diercks, Hamburg
Titelfotos klein Janne Peters, Hamburg (links)
Antje Plewinski, Berlin (rechts)
Umschlagrückseite Thomas Diercks, Hamburg (links)
Antje Plewinski, Berlin (rechts)
Innenfotos Walter Cimbal, Hamburg (S. 5, 7, 57, 77, 118, 130, 131, 142)
Thomas Diercks, Kai Boxhammer, Christiane Krüger, Hamburg (S. 9, 10, 12, 15, 18, 20, 23, 28–31, 37, 43–50, 52, 61, 62, 67, 83, 84, 86, 91, 102, 108, 111, 114, 125, 126, 127, 138, 143, 144, 153)
Ulli Hartmann, Bielefeld (S. 16, 19, 26, 27, 64, 65, 70, 115)
Bela Hoche, Hamburg (S. 11, 60)
Ulrich Kopp, Sindelfingen (S. 68)
Bernd Lippert (S. 22, 35, 65, 73, 87, 90, 112, 116, 152)
Janne Peters, Hamburg (S. 6, 13, 25, 34, 40, 54, 56, 75, 78, 79, 81, 85, 89, 95, 96, 99, 100, 105, 107, 109, 110, 117, 120, 124, 135, 140, 145, 147, 148, 151, 155)
Antje Plewinski, Berlin (S. 33, 36, 39, 42, 51, 74, 103, 104, 123, 128, 139, 141, 154)
Hans-Joachim Schmidt, Hamburg (S. 17, 32, 53, 71, 93, 121, 136)
Norbert Toelle, Bielefeld (S. 41, 129, 149)
Brigitte Wegner, Bielefeld (S. 14, 21, 38, 55, 58, 59, 63, 72, 80, 82, 88, 92, 98, 113, 122, 132, 133, 137, 146, 150)

Lektorat no:vum, Susanne Noll, Leinfelden-Echterdingen

Grafisches Konzept und Gestaltung MDH Haselhorst, Bielefeld
Titelgestaltung Grafik Design Britta Wilken, Neunkirchen-Seelscheid
Satz und Layout MDH Haselhorst, Bielefeld
Gesamtherstellung VISTA POINT Verlag GmbH, Potsdam

ISBN 978-3-95733-453-4
Printed in EU